結婚が決まったら親が読む本

もくじ

1章 親の心がまえと今どきの結婚事情

2章 相手の紹介から婚約まで

1章

親の心がまえと今どきの結婚事情

伝えたい「しきたり」、押さえておきたい「今どき」

●子どもの立場と親の立場

結婚にも、一種の流行があるものです。大量のスモーク、ゴンドラやロールスロイスに乗っての登場といった豪華な「ハデ婚」が人気だった時期もありますし、身内だけの簡素な式や入籍だけの「ジミ婚」が注目を集めた時期もあります。

子どもたちは、今という時代のなかで、友人の結婚式に参列したり、情報を集めたりして自分たちの結婚のスタイルを考えていくわけですから、そこには当然「今どき」の考え方や流行が入ってくるでしょう。

一方ご両親にはご両親なりの、子どもの結婚に対する夢や希望があるのではないでしょうか。また、自分たちが上の世代から伝えられてきた「しきたり」を子どもたちにも守ってほしい、親族や世間に対してせめてこれだけは省略しないでほしいといった思いもあるでしょう。

ただ、「しきたり」を「しきたりだから」と押しつけるのでは、子どもたちも納得できないと思います。その意味や位置づけを親自らがきちんと理解して、子どもたちに説明できるようにしておくことが大切です。

仮に結果として子どもたちがその「しきたり」を省略する判断をしたとしても、知らないからやらないのと、理解したうえで略すのとでは、考え方ややり方が違ってくるはずです。子どもたちに、結婚にまつわる「しきたり」について考える材料を提供することは、親が子どもの結婚に対して果たすことができるひとつの大きな役割といえます。

　そして、子どもたちと協力して結婚準備を進めていくためには、「今どき」を知り、理解する努力も必要でしょう。子どもと話し合うとき、ベースになる共通理解がなければ、ただ戸惑うだけになってしまいます。

　ご両親なりに現在の結婚事情を理解しておけば、子どもの判断を尊重する心の準備も徐々にできていくことと思います。「しきたり」と「今どき」、親子がそれぞれを知る努力をし、互いの理解を深めていくことが、みんなが満足できる結婚のスタイルをつくることにつながっていくのです。

しきたりだけでも
今どきだけでもなく
Traditional
Garden party

今どき事情

結婚に対する意識

●結婚に対する考え方の変化と晩婚化

社会に出てある程度の期間を経たら、結婚して家庭を持つ……以前なら当たり前と思われた人生設計ですが、今では必ずしも多くの人がこのように考えているとは限りません。

たとえば、[*1]政府広報室の調査によれば「結婚は個人の自由であるから、結婚してもしなくてもどちらでもよい」という考え方に賛成の人は、全体の70%に達しています。さらに、「夫は外で働き妻は家庭を守るべき」という考え方に反対の人が55%、「結婚しても必ずしも子どもを持つ必要はない」に賛成の人が43%で、どちらも20～40歳代でその割合が高くなっています。

また平成28年度の[*2]平均結婚年齢は、男性31.1歳、女性29.4歳と、かつてのいわゆる「適齢期」より、ずいぶん遅くなっています。

こうしたことからも、ご両親がイメージしている「結婚」や「家庭」と、お子さんたちが考えている「結婚」や「家庭」の中身は、かなり違っている可能性があるのです。

お子さんの結婚というこの機会に、お互いの考えを伝え合い、話し合って、ギャップを埋めておくことが大切だと思います。

●披露宴は親や親族のため

全国的に実施された「結婚トレンド調査」[*3]では、披露宴や披露パーティーを行った理由として最も多かったのが「親・親族に感謝の気持ちを伝えるため」、次点が「親・親族に喜んでもらうため」でした。

なかには、結婚時の年齢が高くなっていることもあり、本人たちは「今さら……」と披露宴を行わないつもりでいたけれど、両親や家族の要望を聞きやはり行うことにした、というケースもあるようです。

こうした結果から見ても、子どもたちには結婚にあたって親や親族の気持ちや意向を考えたい、受け入れたいという姿勢があると思われます。ですから親のほうも「子どもにまかせていますから」ではなく、子どもの考え方を理解し尊重する努力をしたうえで、関係者への礼儀や気遣い、基本的なマナー、また自分たちの希望など、伝えるべきことはきちんと伝えたいものです。

＊1　H21年「男女共同参画社会に関する世論調査」／内閣府大臣官房政府広報室
＊2　「平成 28 年 人口動態統計月報年計（概数）の概況」／厚生労働省
＊3　「結婚トレンド調査 2016」／結婚情報誌「ゼクシィ」（リクルート発行）調べ

今どき事情　婚約

●変化する結納・仲人

本人同士が結婚の意思を確認し、まず両家の両親に認めてもらったら、次に周囲に公表し社会的に認めてもらうことが必要です。そうして初めて、「婚約」が成立したことになるのです。

日本の伝統的な婚約の形として挙げられるのが「結納」ですが、その形式は以前とはかなり変わってきています。その変化のひとつが、仲人の存在です。

正式な結納は、仲人が両家を行き来して行います。かつての仲人は、結納もしくはお見合いから結婚式、新生活まで、両家を取り持ち、若い夫婦の相談相手となる役割を果たしていました。しかし今では、こうした意味

での仲人は少なく、結婚式・披露宴のみに立ち会う「媒酌人」がほとんどです。このため、結納に仲人が立ち会わないケースも多くなっています。

結納の形式としても、ホテルなどに両家が集まり、結納品、もしくは婚約記念品だけを贈り合うといった略式のスタイルが増えていますが、地域によっては、きちっとしきたりにのっとった「結納」を重視していることもありますので、一概には言えません。

●結納以外の婚約の形

結納品や記念品の交換なしに、両家族の会食で婚約を祝うというスタイルも出てきています。正式に婚約したことを両家族が認め、結婚へのステップを進める第一歩としての顔合わせです。

このほかの婚約の形としては、親族や親しい人を招いて婚約を披露する婚約パーティーや、家族や友人の前で婚約の誓いを交わす婚約式などがあります。とくに儀式を行わない場合は、婚約通知のはがきを出すのが一般的です。

今どき事情　挙式・披露宴

●現在の主流は「こだわり婚」

　全国的に実施された「結婚トレンド調査」*によれば、最近の若いカップルが挙式・披露宴の際に心がけていることは、「アットホームなムードになること」「自分らしさを表現できること」で、回答者の多くが挙式や披露宴・披露パーティーの演出に「こだわったと思う」と答えています。

　このように、以前の「ハデ婚」「ジミ婚」といったくくりではなく、いかに自分たちの個性を出すかという「こだわり婚」ともいえる考えが主流になっています。披露宴会場としてホテルやゲストハウスなどの人気が高いのも、パーティーの演出や料理の選択などでオリジナルな工夫をしやすいことが理由です。どこにこだわるかは、カップルによってさまざまです。たとえば、ふたりの思い出の場所で結婚式を挙げたいと、テーマパークや水族館、美術館などを選ぶケースもありますし、共通の趣味を生かしたスキー結婚式、スキューバダイビング結婚式などもあります。

　また挙式・披露宴の基本的な流れはオーソドックスな場合でも、ケーキ入刀やキャンドルサービスなどの演出にひと工夫加えたり、新郎新婦が楽器演奏などのパフォーマンスをしたり、ウェルカムボードや席次表などを手づくりしたり……と、何らかの形で「自分なりのオリジナルな結婚式をしたい」という人が多くなっています。

●挙式はキリスト教式が人気

前述の調査では、回答者の53％がキリスト教式で挙式、次いで人前式が23％、神前式が17％となっています。伝統や格式のある教会では、信者でないと式が挙げられない場合もありますが、今では多くのホテルや結婚式場に教会が併設されています。また、レストランやゲストハウスで披露宴を行う場合、その場で出席者を証人に挙式できるという利点もあって、人前式を選ぶ人が増えているようです。

「こだわり婚」が主流の時代ですから、挙式・披露宴のスタイルについては、よほど奇抜なものでない限り子どもたちの希望を尊重し、両家のバランスや出席者への配慮などについて親の立場でチェックしていく、という考え方がよいのではないでしょうか。

＊「結婚トレンド調査 2016」/ 結婚情報誌「ゼクシィ」(リクルート発行) 調べ

今どき事情　結婚費用

●結婚費用は増加傾向

　1990年代後半は、「ジミ婚」が注目を集めたことや景気の影響などもあり、結婚費用は減少傾向にありました。しかし、2002年以降は増加してきています。全国的に実施された「結婚トレンド調査」*によれば、2016年の結納・婚約から新婚旅行までにかかった費用の全国平均は469万円。首都圏の平均額は500万円で、2002年の平均額より160万円以上高くなっています。

　このなかで大きな割合を占めるのが、挙式、披露宴・披露パーティーにかかる費用で、2016年の例では全国平均で359万円と、総額の4分の3以上を占めています。

　このほかに、部屋を借りたり、家具や家電製品を揃えて新居をととのえる費用もかかりますから、今どきの結婚にはかなりのお金がかかる、と考えられます。

●7割の人が親の援助を受けている

　前述の調査によれば、挙式、披露宴・披露パーティー費用を親・親族から援助してもらった人は72%です。

　援助の平均額は166万円ですが、額は年

齢によって変化し、新婦が24歳以下の場合、25～29歳の場合、30～34歳の場合、35歳以上の場合では、25～29歳で最も援助額が高くなっています。

結婚費用および新居の準備にどのくらいお金をかけるのか、本人たちの結婚資金がどのくらいあるのかは、親子、両家で話し合っておかなくてはいけない大切な問題です。

たとえば、本人たちは自分たちのお金でまかなえるこじんまりしたパーティーを予定していても、親として費用はこちらで持つから、この招待客も呼んでほしい、などと望むケースもあるでしょう。貯金のほとんどを結婚費用にまわそうとする子どもを見て、将来のために貯金を残せるよう、援助を申し出る場合もあるかと思います。

いずれにしても、大切なのは「身の丈に合わせる」ということ。一生に一度のイベントだからと思えばいくらでもお金をかけられますが、無理をしてあとに負担を残すことがないようにしたいものです。

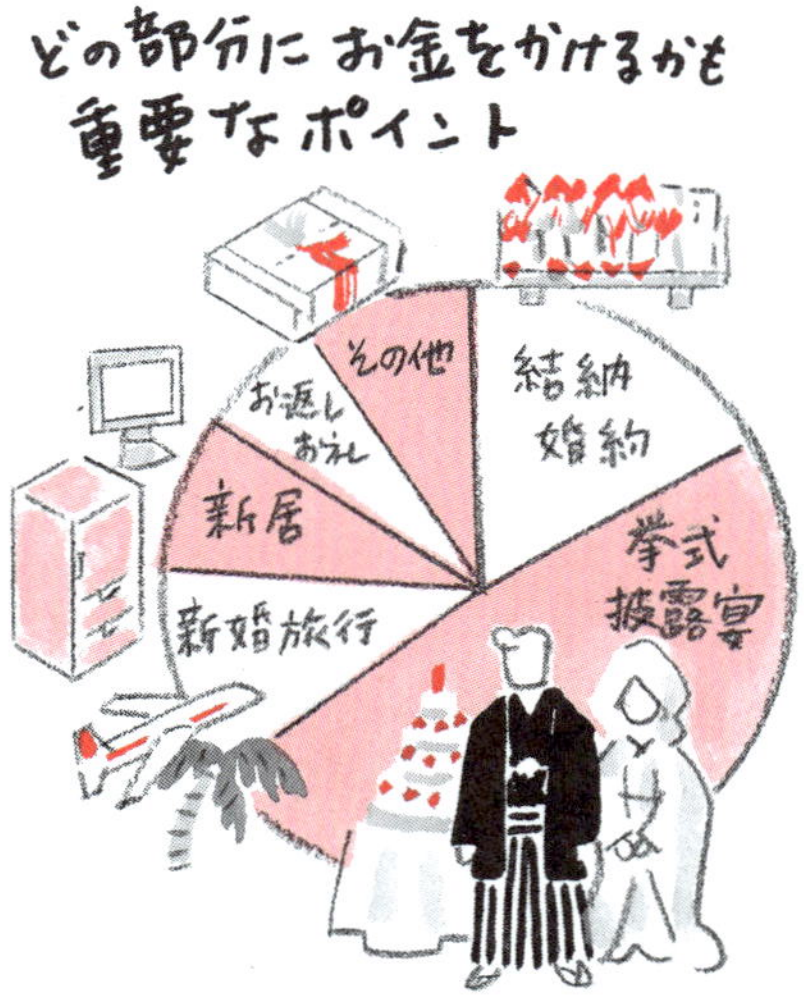

＊「結婚トレンド調査 2016」／結婚情報誌「ゼクシィ」（リクルート発行）調べ

ウェディングプロデュース会社とは?

オリジナルウェディングにおすすめ

挙式や披露宴はアットホームな雰囲気にしたい、自分たちらしさを出すためにオリジナルな部分を取り入れたい、という若いカップルが増えています。ホテルや結婚式場でも、専門のアドバイザーが相談にのってくれ、さまざまな希望に対応してくれるところが多くなっています。しかし、とくにハウスウェディングやレストランウェディングなどのオリジナルウェディングを考えている場合は、プロデュース会社を利用することもひとつの方法です。こうした会社では、式・披露宴のプランニングやスケジュールの作成、会場、衣装や料理、引き出物選びなどについてコーディネイトし、必要な手配もしてくれます。

出席者への配慮を忘れないように

ウエディングプロデュース会社を利用する場合は、実績と信用のあるところを選ぶようアドバイスします。また、「オリジナル」や「特別」といった意識が中心になってしまうと、つい自分たちのやりたいことで話が盛り上がり、料理のメニューや引き出物の選び方など、年齢の高い出席者などへの配慮が欠けてしまうことがあります。親族や目上の出席者が多い場合はとくに、本人たちと会社におまかせではなく、親の立場として気になることがあればきちんと伝えましょう。

2章

相手の紹介から婚約まで

結納・婚約までの親の役割

　子どもの結婚について「いつかはそんな日が」となんとなくイメージしていたとしても、いざ現実になると、ご両親にはさまざまな思いが交錯することでしょう。子どもの人生の大きな節目を迎え、喜びだけでなく不安や心配もあるかもしれません。

　ですが、たとえば進学でも就職でも、結局子どもの人生の主役は子ども自身であったように、結婚も本人たちがよりよい人生を求めて、選び実現させていくもの。親の最大の役割は、子どものいちばんの応援団としてあたたかく見守っていくことです。

　また、実際に相手を紹介されるとなると、娘や息子の伴侶になる人という意識から、どうしてもチェックが厳しくなりがちだと思います。けれど、これから長いおつきあいになる相手ですから、できるだけ穏やかにお互いのことをよく知り合っていけるよう努力をしましょう。あたたかく受け入れ、その人のよいところに目を向けることが大切です。

　一方で自分の子どもも相手の家族に会うわけですから、その際失礼などのないように、服装やあいさつ、手土産などについて相談にのることも必要です。

ところで、結婚したい相手を家族に紹介する、家族同士が会ってふたつの家族の間に結び付きができる、婚約を周囲の人々に伝える、というプロセスは、それまでの本人同士「ふたり」の関係が、社会的なものに変わっていくことでもあります。

主役のふたりは、自分たちの夢を形にすることに夢中になって、つい結婚は自分たちの問題と思ってしまうかもしれません。たとえば婚約の形式について、周囲の人に伝え、受け入れて祝福してもらえるように、という視点が欠けてしまうこともあると思います。

そうしたときに、ふたりと社会をつなぐ接点としてアドバイスをするのも親の役割といえます。最終的に選択するのは本人たちですし、ふたりの意思を尊重すべきですが、たとえば地域のしきたりや親族への配慮など、ふたりの結婚をスムーズに認めてもらうために必要なことがあれば、きちんと伝え、ふたりに考えてもらうとよいでしょう。

出番は少ないけれど、役どころを心得ている名脇役として、主役を盛り立てていきたいものです。

結婚したい人がいると言われたら？

まず子どもの気持ちを受けとめるひと言を

慌てず、騒がず、子どもを認めるひと言を

子どもが結婚を意識した交際をしていることを、なんとなくでもわかっていれば心の準備ができているかもしれませんが、いきなり「結婚したい人がいる」と言われれば、やはり親としてはびっくりしたり、慌てたりしがちです。感情的になったり、つい質問攻めにしたくなることもあるかもしれません。

そんなときは、まずひと呼吸おいて、「あなたも結婚を考えるくらい大人になったのね。うれしいわ」など子どもの気持ちを受けとめるひと言を言ってから、「相手の方について聞かせて」と、話を促します。

子どもの話に相づちを打ちながら、相手の年齢や職業などの基本的なプロフィール、交際期間やつきあい始めたきっかけ、子どもから見た相手の人柄など、知りたいことを聞くとよいでしょう。

結婚への意思を確認する

相手のことだけでなく、ふたりが結婚や結婚後の生活に対してどのような考えを持っているのかも、きちんと聞いておきたいものですが、これも子どもが思い描いている新生活を語れるように水を向ければ、きっと喜んで話してくれるでしょう。

そのなかで、もし相手の健康状態や仕事、家庭の事情など、親として気になることがあれば、ひと通り話を聞いてから穏やかに、「○○については、あなたはそれで大丈夫なの？」と確認するようにします。

そこで子どもがきちんと納得していたり、克服するための方法をしっかり説明できたりするのであれば問題はありません。子どもの判断を信頼するのがよいと思います。

早めに会う機会を設け判断はそれから

子どもの話を聞いてだいたいのことがわかったら、早めに実際に相手に会ってみることです。仮に気になることがあり、子どもの話だけでは解消できなかったとしても、本人に会ってみれば安心できることもあります。少なくとも、話を聞いただけで反対するのは避けたいものです。

家を訪ねてもらうのか、その前に一度外で会うのか、日時はいつが都合がよいかなどを子どもと話し合い、相手とも調整してもらって、顔合わせの場をセッティングしてもらいましょう。

CHECK　子どもに確認したいこと

❶相手の基本的なプロフィール

☐ 名前　☐ 年齢　☐ 職業　☐ 健康状態　☐ 家族構成

❷相手との関係

☐ 交際のきっかけ　☐ 交際期間　☐ 結婚を決めた理由

❸ふたりで結婚後の生活設計を考えているか

☐ 働き方と生活設計　☐ 結婚後の住居　☐ 家事　☐ 出産

相手を紹介されたら？

聞きたいことは率直に聞く

リラックスして相手を受け入れる

最初に相手と会う際は、できれば自宅に来てもらうのがよいでしょう。ただ、子どものほうから、いきなり自宅でというのは緊張してしまうので一度外で、という申し出があれば、それもひとつの方法です。その場合は、個室など落ち着ける環境を選ぶよう伝えます。

場所がどこになっても、相手も子ども本人もやはり緊張しているでしょうから、まずは笑顔であたたかく接し、リラックスして話し合える雰囲気をつくりましょう。観察したり、品定めしたりするような態度は相手の気持ちの負担を増やすだけですし、お互い緊張してぴりぴりした雰囲気では、その人のよいところも出てきません。

また、たとえ第一印象がイメージと違っても、率直に話し合っていくうちに、子どもが「この人」と決めたその人らしさや長所が見えてくるのではないでしょうか。そう信じ、受け入れる気持ちを持つことが大切です。

若さゆえにあいさつや言葉遣いが未熟だったり、緊張からくる失敗があるかもしれません。ただ、そうしたなかでも、子どものことを大切に思っているか、結婚について真摯な気持ちで語っているかどうかは、人生の大先輩であるご両親なら判断できることでしょう。

結婚に関しては率直に聞いておく

結婚に対するふたりの意思や結婚後の生活設計については、事前に子どもに確認しておきますが、やはり相手の口からも聞いておきたいものです。

そのときは、奥歯にもののはさまったような聞き方をせず、率直に質問しましょう。ただし、詰問調にならない注意は必要です。たとえば女性に対しては、「保育士のお仕事にとてもやりがいを感じていらっしゃると聞いていますが……」と水を向け、結婚後の働き方や出産について聞いてみるのもよいでしょう。また男性には「今はおひとりで暮らしているそうですね。おうちのこともご自分でなさっているとか……」と投げかけて、家事の分担などについて話を広げてもよいでしょう。

もし、事前に子どもに聞いた話と相手の話にあまり齟齬があるようでしたら、ふたりでもう一度きちんと話し合っておくよう伝えることも必要です。

CHECK 相手に確認したいこと

❶子どもと結婚し、新しい家庭を築こうという意思を持っているか

☐ あいさつや服装　☐ 自分たちに対する言葉遣いや態度

❷結婚後の生活設計について、子どもと共通の意識を持っているか

☐ 働き方と生活設計　☐ 結婚後の住居　☐ 家事　☐ 出産

❸相手の家族は、この結婚についてどのように考えているか

☐ 家族との関係　☐ 家族の反応

同性のチェックは厳しくなりがち、冷静に

息子の相手の女性を見る母親の目は、どうしても厳しくなりがちです。また、娘がおらず若い女性とのつきあいもほとんどない場合、今風のメイクやファッション、言葉遣いなどをすぐには受け入れがたい、ということもあるでしょう。

母親自身が冷静になり、相手の長所に目を向けることがもちろんいちばん大切ですが、すぐには気持ちがついていかないときもあります。

そんなときは、父親の出番です。たとえば、自分たちが初めてそれぞれの両親にあいさつに行ったときの、ユーモラスなエピソードなどを話してもよいでしょう。母親が自分の若いときの緊張感を余裕を持って思い出せれば、相手を見る目も変わるはずです。

逆に気をつけたいのは、場を和ませるつもりで相手の女性の外見や若さを過剰にほめること。若い女性だからといってちやほやしている、などと母親にとられてはかえって逆効果です。

娘の相手の男性を見る父親の目も、同様に厳しいものです。とくに男性同士の場合、若さは長所というより頼りなさと捉えがちです。

娘も母親には、それまでもいろいろと相談したり話したりしていることが多いので、父親は疎外感を感じるかもしれません。ここでは母親が、さりげなく父親と娘たちとの架け橋になりましょう。

役割モデルを押しつけない

ご両親のなかには、家庭、夫、妻といったものに対して、一定のイメージをお持ちの方もいるでしょう。ただし、それは子どもたちの意識と共通するものとは限りません。

たとえば無意識にでも、家事は女性がするもの、一家の生計は男性がひとりで担っていくもの、といった思い込みをベースに話をしていくと、話に行き違いが出てきたり、ぎくしゃくしたりしかねません。

自分たちのイメージと重ねてしまい、つい「だってすぐに子どもだって生まれるでしょうし、そうしたら働き続けるのは無理でしょう」などと言ってしまうと、相手は、子どもを持つことや、出産したら仕事を辞めることを、押しつけられているように感じてしまうかもしれません。

子どもや相手から聞いた、ふたりの結婚への意識、結婚後の生活設計をきちんと受けとめ、それが自分たちのイメージと違う場合、意識を変える努力も必要です。

ここがポイント！

- 同性の親は、自分が厳しい目で相手をチェックしがちなことを意識して、より冷静に、客観的に相手を見る努力をしたい。
- 異性の親は場を和らげる役割を、積極的に引き受ける。
- 男女の役割分担や家族の形は、時代によっても、個人によっても異なるもの。自分たちのイメージを押しつけないよう注意したい。

再婚・年齢差のある結婚・国際結婚の場合は？

気になる点についてふたりの意思の確認を

問題点を挙げ、ひとつずつ説明してもらう

相手の年齢がかなり年上で、子どもよりむしろ自分たち親の年齢に近い、再婚で子どもがいる、国際結婚で結婚後は相手の国で暮らす、といったケースでは、親として手放しで賛成するのは難しいこともあるかもしれません。

ですが、子ども本人もそうした条件を承知のうえで結婚を望んでいるのです。ここはひとつ冷静に、気になる点を挙げていき、ひとつずつふたりの意思を確認しましょう。

たとえば男性がかなり年上の場合、子どもの成人前に定年退職という可能性があるかもしれません。逆に女性が年上で、出産が心配ということもあるでしょう。男性が大変若く、収入が女性よりかなり少ないという場合もあります。

こうしたことを、本人同士が話し合い、お互いに納得できる解決法を見つけて結婚を決めたのであれば、ご両親にもきちんと説明してくれるはずです。もしそれができないようなら、もう一度問題点を意識して、ふたりで話し合うようにすすめましょう。自分たちも相談にのる、とひと言つけ加えるとよいでしょう。

また、事情があってもその人と結婚したいというのですから、きっと人間的な魅力がある人のはず。相手に心を開いて話し合い、その魅力を発見する努力をしたいものです。

CHECK 気になることがある場合に確認したいこと

●相手が再婚の場合

□ 死別　気持ちの整理がつき、新たな結婚を望んでいるか
□ 離別　離婚の原因と経緯
□ 子どもがいる
　□ 現在どちらと暮らしているか
　□ 結婚後どちらと暮らすのか
　□ 親として相手の子どもを育てる覚悟ができているか
　□ 今回の結婚についての子どもの反応は
　□ 養育費などの問題はどうなっているか

●年齢差が大きい結婚の場合

□ 相手を対等のパートナーと考えているか
□ 年齢によって出産などに影響が出る場合、そのことをお互いに話し合い問題を解決しているか
□ 収入面での格差がある場合、そのことをお互い認め合っているか

●国際結婚の場合

□ 結婚したら、どちらの国で生活するのか
　□ 相手の国　　その国の結婚観や家族観は
　　　　　　　　今後の生活設計は
　□ 日本　　　　日本での生活設計は
　　　　　　　　将来もずっと日本で暮らすのか
□ 本人や子どもの国籍の問題はどうなるのか
□ 相手の家族はこの結婚をどのように考えているのか
□ お互いに習慣や文化の違い、言葉の壁など困難をのり越えていく覚悟ができているか

あいさつマナー

相手を自宅でもてなすとき

普段通りのマナーで迎えて

初めての訪問の流れ

■子どもが相手を紹介、歓迎のあいさつをする

「いらっしゃい。○○から話を聞いて、お会いするのを楽しみにしていました。さあ、どうぞ」

会話のポイント

●玄関先でのあいさつは手短かに。部屋に上がってから、改めて「息子がお世話になっています」などきちんとあいさつをする。

■部屋に上がりお茶などでもてなす

手土産をもらった場合は相手の目の前で開け、「これうちはみんな大好きなんです」など感想をひと言添えてお礼を。

●自然なもてなしでリラックスして話す

訪問の時間帯に合わせてお茶か食事でもてなしますが、初めてのときはどうしてもお互い緊張するものですから、たとえば休日の午後の早い時間帯に来てもらい、ゆっくりお茶を飲みながら話をするといった形がおすすめです。

最初はきちんとしたあいさつも必要ですが、それがすんだら家族の素顔を知ってもらうつもりで自然なおもてなしをします。過度の気遣いは必要ありませんし、マナーも普段通りで大丈夫です。また、できるだけ相手がリラックスして話せるような話題を心がけましょう。

Advice

気持ちよく過ごすために事前準備を

相手の食べ物や飲み物の好みなどは、できるだけ事前に子どもに聞いておき、相手が気持ちよく過ごせるよう心がけましょう。たとえば、アレルギーで食べられないお菓子や、飲めないアルコールどを強くすすめられたら、相手も困ってしまいます。

また、相手の趣味や興味を持っていることなども聞いておき、会話に取り入れるとよいでしょう。

会話のポイント

- 「お仕事は何を？」といった質問では、相手の答えも漠然としたものになりがち。「建築関係のお仕事と聞いていますが、今どんなことをなさっているんですか」など、相手が話しやすいきっかけづくりを。
- 事前に子どもから聞いておいた趣味の話などで、相手の緊張をほぐすのもよい。また相手の子ども時代のこと、学生生活の様子などを聞くのもよい。
- 相手を誰かと比べるような話題や、ほかの子ども自慢話などは避けたいもの。また、何もかも子どもから聞いているというように、初対面から慣れ慣れしすぎる態度をとるのも好ましくない。
- 相手を呼ぶときは、婚約までは基本的に名字にさん付けで。同様に、婚約までは、相手にも「○○さんのお父さん」「○○さんのお母さん」と呼んでもらうほうがよい。

■別れのあいさつ

「今日はありがとうございました。□□さんにお会いして安心しました。また来てくださいね」

食事でもてなす場合も基本は普段通りに

お互いの都合で訪問が食事を出す時間帯になる場合でも、相手をリラックスさせ、家族のことを知ってもらうというおもてなしの基本は同じです。無理に豪華な料理を並べる必要はありません。むしろ手料理でもてなすほうが、よりあたたかみが感じられます。

また最近では、気軽にキッチンに入る男性も多くなっています。男性でも女性でも、準備や片づけの手伝いを申し出てくれたら遠慮せずに受け入れ、いっしょに作業をしましょう。そうした時間を共有することで、相手の人となりもよくわかります。

最後まで節度を持って気持ちよく

お互いに打ちとけ、楽しい時間を過ごせたとしても、あまり長引かせないようにするのがポイントです。様子を見計らってお開きにし、余韻を残すくらいがよいでしょう。とくに相手が女性の場合、夜の遅い時間まで引き止める形にならないように注意を。

見送りは、基本的に玄関までで十分です。最後に、訪ねてくれたことへのお礼と、会えてよかったことを伝え、今後もよろしくとあいさつをします。子どもが近くの駅やバス停などまで相手を送る場合は、快く送り出します。

Advice

アルコールはあくまで潤滑油程度に

訪問が食事の時間帯で、アルコールを嗜む相手であれば、すすめるのもひとつの方法です。父親といっしょに一杯やって意気投合、といったケースもあるでしょう。ただ飲み過ぎ、飲ませ過ぎにならないよう注意しましょう。後味が悪い結果になってしまっては逆効果です。

こんなとき どうする？ Q&A

Q 大家族の場合は？

A 初対面の最初のあいさつから、両親、祖父母、兄弟姉妹に囲まれて……となると相手の負担も大きくなります。まず両親があいさつし、結婚についての基本的な確認が一段落したら残りの家族を紹介。皆でくつろぐ雰囲気にするとよいでしょう。

Q 遠方から来てもらう場合は？

A 一泊での訪問になる場合は、可能であれば、自宅に泊まってくれるよう申し出ましょう。ふたりの部屋をどうするかなどは、事前に子どもと相談して決めておきます。ただ、本人たちがホテルなどに宿泊すると言ってきた場合は、無理強いするのはやめましょう。

Q 相手が外国人の場合は？

A おもてなしの基本は日本人の場合と変わりませんが、日本の作法を知らないことや、習慣の違いが負担にならないよう気を配りましょう。とくに宗教上食べられないものなどについては、事前に子どもにきちんと確認しておくことが大切です。

Q 子どもがあいさつに行くときは？

A 相手の両親が外国に住んでいるなどの事情がない限り、両家の家族にあいさつに行くべきです。子どもにさりげなく確認し、相手の家族を訪問するときには簡単な手土産を持っていくように、またその際は高価なものより、相手の好みに合ったものを選ぶようにアドバイスします。

相手の両親とはいつ会えばよい？

早い段階できちんとあいさつを

早い段階で顔合わせをしておくのが理想的

子どもたち本人がそれぞれの家族にあいさつし、結婚を認めてもらえたら、次は親同士のあいさつです。できるだけ早い段階で親同士が対面し、お互いに知り合って協力できれば、結婚準備もスムーズに進めることができます。

両家が離れていて集まるには時間的にも経済的にも負担が大きい場合、親同士の初対面が結納時ということもあります。この場合も事前に手紙や電話でコンタクトをとり、きちんとあいさつしておきます。

はじめのあいさつは礼儀正しく

親同士のあいさつは、まず自己紹介、次いでふたりの結婚を親の立場で確認することから始めます。まず男性側の父親がこの結婚を喜んでいることを伝えて、「よろしくお願いします」とあいさつ、女性側の父親が「こちらこそ」と受ける形が一般的です。

また、たとえば結婚後ふたりが男性側の家に同居するなどの場合は、すでに子どもを通して女性側の両親が了解している場合でも、いっしょに暮らすことになる親の立場から改めてひと言添える気遣いも必要です。

親同士が初めて会うこの場は、両家が今後子どもたちを通じておつきあいを深めていく第一歩です。礼儀正しく、心を込めてあいさつをしましょう。

結婚後の生活や挙式などについて話し合う

あいさつがすんだら、乾杯をしたり食事をしたりということになりますが、せっかくの機会ですから、ふたりの結婚についてできるだけいろいろなことを話し合っておきたいものです。結納や挙式の時期や形式などについても、両家それぞれに考えがあることでしょう。

初めて会う者同士ですから、たとえば挙式について違った考え方をしていたり、結納に地域的なしきたりがあったりすることもあります。

ですからこのとき気をつけたいのは、価値観を押しつけたり、相手を見下すような態度を取ったりしないこと。「今の時代にまだ、そんな形式で……」などと、相手が不快になるような言動も避けましょう。

この段階で、具体的な事柄にすべて結論を出す必要はありません。お互いの考え方を出し合い、一致するところは決めていき、異なるところは話し合い、譲り合うための下地をつくることができれば十分です。

CHECK｜相手に確認したいこと

❶互いの家族について

- ☐ 要介護のお年寄りなどがいる場合も隠さずに伝える

❷子どもの結婚後の生活について

- ☐ 働き方と生活設計　☐ 結婚後の住居　☐ 援助

❸婚約や挙式の時期、形式などについて

- ☐ 結納　☐ 挙式　☐ 披露宴　☐ 挙式までのスケジュール

あいさつマナー

相手の両親に会うとき
負担は両家平等に

落ち着いて話ができることが第一

以前は、男性が両親を伴って女性宅を訪問することが多かったようですが、今ではそのような形式にとらわれなくてよいでしょう。ホテルやレストランを利用したほうが、お互いの負担が少なくおすすめです。

基本的に、場所や日時などのセッティングは子どもたちにまかせて。静かで、落ち着いて話ができる場所を選ぶようアドバイスします。

親同士が会う席の流れ

■男性が両親を紹介し、両親が自己紹介する

（男性本人）「私の父と母です」

（男性の父親）「孝雄の父の山崎祐介です。○○というIT関連の会社に勤務しています」

（男性の母親）「母親の裕美子です。よろしくお願いいたします。」

■女性が両親を紹介し両親が自己紹介する

■男性の父親が結婚の意思を確認

（男性の父親）「梨花さんはとても素晴らしい女性で、息子から梨花さんに結婚の承諾をいただいたと聞いて、妻とふたり本当に喜びました。今日は私どもからも改めて、お願いとお礼にと費用は、外で会う場合は両家折半に。子どもたちが親を招待すると言うのであれば、喜んで受けます。

どちらかの家で会う場合は、訪問する側がもてなしに対するお礼として、慶びの席にふさわしい手土産を持参します。お酒、紅白のワイン、菓子類などがよいでしょう。

服装は、男性はスーツにネクタイ、女性もワンピースかスーツで、華美になりすぎないよう整えます。

思って参りました。これからよろしくお願いいたします」

■女性の父親がそれを受けてあいさつを返す

（女性の父親）「孝雄さんのように立派な方とお話がまとまりまして、心から嬉しく思っています。いたらないところも多いと思いますが、こちらこそよろしくお願いいたします」

■男性の母親があいさつを返す

（男性の母親）「ありがとうございます。梨花さんが明るい笑顔を見せてくれると、私たちもいっしょにとても楽しい気持ちになれるんですよ」

■女性の母親があいさつを返す

（女性の母親）「まだまだ子どもっぽいところもありますので、孝雄さんに助けていただいて、と思っております。よろしくお願いしますね」

■乾杯、会食

家族を紹介し合ったり、結婚の具体的なことを話し合う。

会話のポイント

- この縁談を心から喜んでいることを、素直に自分の言葉で伝える。
- 自分の家族や仕事のことを話すときは自慢にならないように。
- 話し合いは一方的に決めつけたり、価値観を押しつけたりせず、譲り合う姿勢で。

婚約の形を決めるときは？

結納をするか否かを含めて両家で相談を

婚約は結婚に向けての大切なけじめ

婚約はこれまでおつきあいしてきたふたりが、きちんと双方の親の承認を得て、新たに結婚へ向けてのつきあいをスタートさせるけじめになります。親にとっても、婚約を機にそれまで子どもの友人のひとりであった相手を、将来の家族に迎える人として認めることになります。

本人たちがお互いの結婚の意志を確認し合っただけで婚約とするケースもありますが、これだけでは正式な婚約としては不十分です。親に認められ、ふたりの結婚の意思を周囲に公表することによって、初めて正式な婚約が成立したといえるのです。

子どもまかせにせずいっしょに考える

婚約といっても、さまざまな方法があります。昔からもっとも多く行われてきたのは、結納式という日本古来の儀式です。しかし現在では正式な結納式を行うケースは少なくなり、婚約式を行う、婚約披露パーティーを開く、記念品の交換だけを行う、両家顔合わせの食事会をする、婚約通知状を出すなど、婚約のスタイルは多様化しています。

「子どもがこうすると言ったから」ではなく、子どもといっしょに結婚することの意味をよく考えたうえで、両家で相談し、どのような婚約の形式を取るか決める必要があります。

婚約スタイルによって親のかかわり方が違う

婚約披露パーティーや結婚通知などのスタイルを選ぶ場合は、子どもたち主体で進めていってもかまいません。しかし略式とはいえ結納式を行うと決まったら、親が中心となってかかわる必要があります。

いろいろなしきたりのある結納式は、決して子どもたちだけでできるものではありません。準備の段階から当日の進行まで、親がリードして子どもに教えながら進めていきましょう。

いろいろな婚約の形式

●結納

結納品や結納金、受書などを取り交わす日本古来の結婚の形。 →P38

●婚約式

クリスチャンが教会で行う婚約の儀式。宗教に関係なく婚約の誓いを立てる婚約式も増えている。 →P58

●婚約披露パーティー

自宅やレストランに親しい人を招いて、婚約を披露する。 →P58

●婚約記念品を贈る

お互いに結婚記念品を贈り合うことで婚約の証とする。 →P56

●婚約通知状を出す

親族や知人、友人などに、婚約を伝えるはがきを出す。 →P60

●両家食事会

ホテルや料亭など、改まった席を設け、両本人と両家両親が出席して食事会を行う。 →P62

結納はどのように行うべき？

両家に合ったスタイルを選んで

結納は両家が正式に縁を結ぶ儀式

日本の伝統的な結納は、両家が正式に縁を結び、互いに親族になることを自覚し、祝うための儀式です。執り行い方は関東と関西で大きく異なり、関東では結納品を男女それぞれが1組ずつ用意し、お互いに交わし合います。それに対して関西では、男性が結納品を用意し女性に贈り、女性は受書だけを男性に返します。またこれらとは別に、地方によってその地方ならではの独特のスタイルがある場合もあります。

地域による違いが大きいだけに、どのような形で結納を行うかは、子どもたちだけでなく、両家でよく話し合って決めることが大切です。

仲人を立てない略式の結納が主流に

昔から行われてきた正式な結納は、仲人が使者となり両家を往復して結納品を運ぶ形でした。しかし現在では仲人と両家が1か所に集まって行う略式のスタイルがほとんどです。また最近では、仲人を立てずに両家だけで行う、さらに簡略化したスタイルが主流になっています。

ホテルや専門式場には結納パックがある

結納は挙式の6～3か月前くらいに行うのが一般的です。略式の結納の場合は、まずどこで結納を行うのかを決めなくてはなりません。女性の自宅や、料亭、レストランの個室など、いろいろなパターンがありますが、最近ではホテルや専門式場で行うケースが増えています。

ホテルや専門式場では、結納飾りから、司会進行、式後の会食などまでセットになった結納パックがあるところも多く、専門のスタッフがすべてを取りまとめてくれます。

Advice

両家の意見が合わないときは

両家が直接会って相談してもかまいませんが、意見の食い違いがあると、思わぬ溝をつくってしまうことも。それを避けるには、子どもを通してお互いの考えを伝え合うとよいでしょう。

ここがポイント!

- 結納の意義をしっかりと子どもたちに伝えたうえで、結納式を行うか否かを両家で相談して決める。
- 両家の住まいが違う地方にある場合、しきたりの違いに注意。男性側のしきたりを重視する形で執り行うのが一般的。
- 仲人を立てて正式に結納式を行うか、仲人を立てずに略式で行うかを決める。
- 結納式を行う場所を決める。かつては女性の自宅で行うことが多かったが、準備が大変なことから専門式場やホテル、料亭などで行うケースが多い。
- 専門式場やホテルには結納パックがあるため、それらの利用も検討。費用の相場は6人で10~20万円程度。

しきたり

結納品を準備する
地域のしきたりを子どもに教える

9品目が本式だが略式でもかまわない

関東では結納品は9品目を揃えるのが本式ですが、7品目や5品目など、略すケースも増えています。結納品については、地域によって揃える品数や飾り方など、いろいろなしきたりがあります。

結納は男性側がリーダーシップをとって進めるのが一般的ですが、女性側の地域のしきたりや希望などは、積極的に男性側に伝えてかまいません。両家が納得のいく形で進めるようにしましょう。

結納金の相場は給料の3倍が目安。きりのいいところで50万円や100万円とするケースも。本人の経済力に見合った金額を贈るのが基本。

結納返しのしきたりは地域によって違う

関東では結納金の半額程度を結納返しとして贈る習慣があります。また関西では基本的に結納返しは行いませんが、1割程度を返す場合もあります。子どもたちはこういったしきたりはわからなくて当然なので、親がその土地に合った方法を子どもに教える必要があります。そのうえで、相手側とよく相談するよう促すとよいでしょう。

結納品9品目とそれぞれの意味（関東式）

結納品の起源は、結婚の申し込みのときに持参した酒と肴。現在は縁起物の儀式用品となっており、それぞれに幸せな結婚生活を願う意味が込められています。

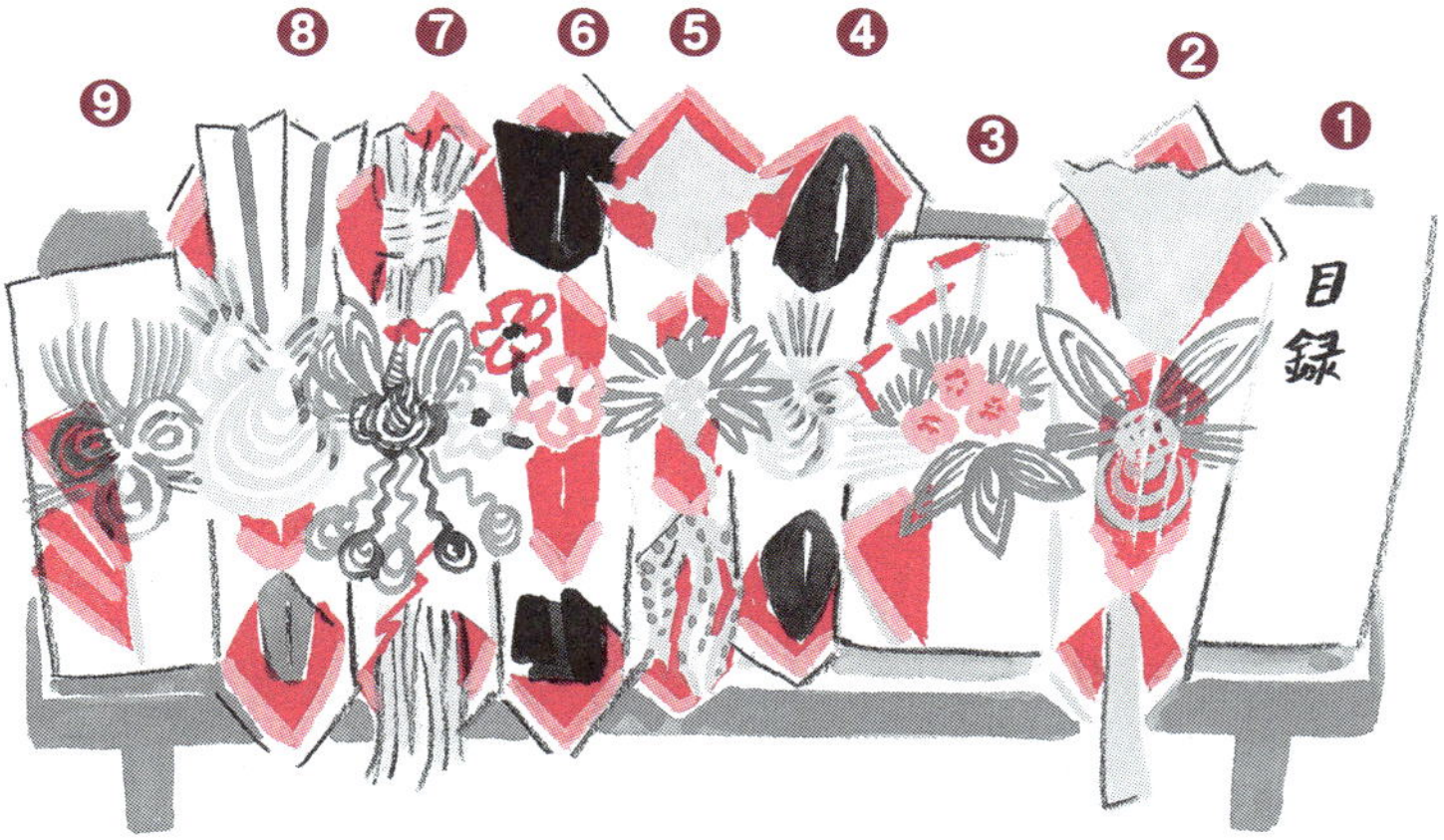

7品目の場合は④、⑨を省き、5品目の場合はさらにそこから⑤、⑥を省く。

❶目録《もくろく》 ……………… 結納品名や数を記入したもの。

❷長熨斗《ながのし》 ………… あわびを干して伸ばしたもの。不老長寿の象徴。

❸金包《きんぽう》 ……………… 結納金。表書きは男性側は「御帯料《おんおびりょう》」、女性側は「御袴料《おんはかまりょう》」とする。

❹勝男節《かつおぶし》 ………… 鰹節。勝男武士とも書き、男性のたくましさを象徴したもの。

❺寿留女《するめ》 ………… するめ。不時に備える食料を意味する。

❻子生婦《こんぶ》 ………… 昆布。「よろこぶ」に通じ、子宝に恵まれることを願って。

❼友志良賀《ともしらが》 ……… 麻糸。夫婦が白髪になるまで仲よくという願いを込めて。

❽末広《すえひろ》 ……………… 白無地の扇子。寿恵廣とも書く。白は純潔無垢を意味し、末広がりの繁栄を願う。

❾家内喜多留《やなぎだる》 …… 祝い酒を持参した名残り。現在は現金を包む。

しきたり

目録と受書を準備する
結納品の内容と合わせて確認を

目録は納品書、受書は領収書の役割

目録は相手に贈る結納品の内容を書き記したもの、受書は結納品を受け取ったしるしとして相手に渡すものです。

お互いに結納品を贈り合う関東式では男性側も女性側もこの両方を用意します。関西式は男性から贈るだけなので、男性側は目録を、女性側は受書を用意します。

目録は結納を贈るときに必ず用意しましょう。受書については、男女双方が一堂に会して贈り合う場合は省略してもかまいませんが、男性側のみが贈る場合は領収書の役目も果たすので、女性側は受書を準備するようにします。

目録や受書は、かつては自筆で記入していましたが、最近では項目が印刷された市販のセットを利用するケースがほとんどです。自筆で用意する場合は、決まった書式があるので、それに準じて書くようにしましょう。

市販されている目録は9品目用、7品目用など、いろいろな種類があるので、贈る品目に合うものを選んで。

目録と受書の書式とポイント

◉目録（関東の9品目を男性から女性に贈る場合の例）

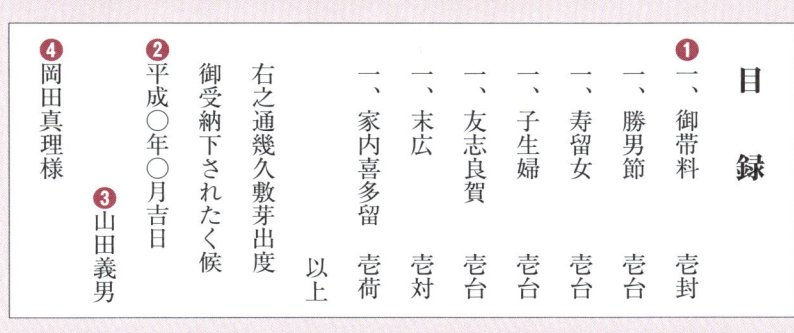

目録

❶一、御帯料　壱封
一、勝男節　壱台
一、寿留女　壱台
一、子生婦　壱台
一、友志良賀　壱台
一、末広　壱対
一、家内喜多留　壱荷
以上
右之通幾久敷芽出度
御受納下されたく候
❷平成○年○月吉日
❸山田義男
❹岡田真理様

❶金包は男性から女性に贈る場合は「御帯料」、女性から男性に贈る場合は「御袴料」とする。金額は書き入れない。また婚約指輪を付けるときは、「御帯料壱封結美和付」（おんおびりょういっぽうゆびわつき）と書き入れる。目録と長熨斗は書かない。

❷結納の日付または吉日とする。

❸男性本人または男性側の父親の名前を書く。

❹女性本人または女性側の父親の名前を書く。

◉受書（関東の9品目を女性が男性から受け取った場合の例）

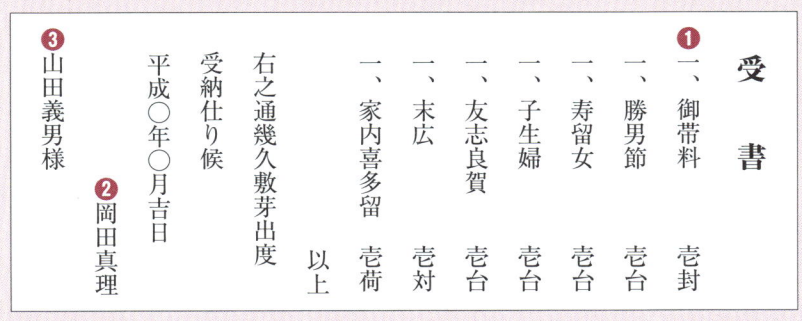

受書

❶一、御帯料　壱封
一、勝男節　壱台
一、寿留女　壱台
一、子生婦　壱台
一、友志良賀　壱台
一、末広　壱対
一、家内喜多留　壱荷
以上
右之通幾久敷芽出度
受納仕り候
平成○年○月吉日
❷岡田真理
❸山田義男様

❶目録の内容と揃えて書き入れる。

❷目録が本人あての場合は本人の名前を書き入れる。

❸目録の名前に揃える。

しきたり

家族書と親族書を準備する

内容・書式は両家で相談して決める

親族書を交わしておくと、どんな親戚がいるのかがお互いにわかり、冠婚葬祭のときにも役立ちます。

今後のつきあいに役立つ家族書と親族書

最近では結婚はふたりの問題と考える傾向が強まり、家族書や親族書の交換を省くケースが多いようですが、親として、結婚は両家の結び付きでもあり、今後の親戚づきあいをスムーズにするためにもお互いの家族や親族を知っておく必要があることを伝えましょう。そのうえで家族書・親族書を両家できちんと交換しておくことをすすめます。

家族書と親族書は、結納または両家の顔合わせのときに交換を。結納時に交換する場合は、白木台《しらきだい》にのせて目録のあとに渡す。

CHECK 両家で確認しておくこと

❶家族書に書く内容

- □ 名前　□ 続柄　□ 年齢
- □ 勤務先や学校名

❷親族書に書く範囲

- □ 兄弟姉妹まで　□ 祖父母まで
- □ 伯父（叔父）や伯母（叔母）まで
- □ 甥や姪まで

家族書・親族書の書き方

家族書も親族書も奉書紙に毛筆で書くのが正式ですが、便箋にペン書きでもかまいません。両家が同じ書式になるように、あらかじめ相談して決めておきましょう。1枚に書ききれず2枚になったときは1枚白紙を付けて、それぞれ奇数枚になるようにします。

【家族書】

家族書

父 石田洋介
母 愛子
姉 恭子
本人 慶介
妹 理沙

以上

家族書は同居している家族の名前と本人との続柄を書く。別居していても未婚で同じ戸籍内にいる兄弟は書き入れる。戸籍は違っても、同居している祖父母は書き入れる。

【親族書】

親族書

東京都練馬区○○町1―1―203
義兄 伊藤康則
姉 結衣

神奈川県横浜市旭区○○町1―1
祖父（父の父） 石田俊介
祖母 和子

埼玉県所沢市○○町3―3
叔父（父の弟） 石田雄介
叔母 芳江

群馬県前橋市○○町1―2
祖父（母の父） 相沢正嗣
祖母 律子

東京都大田区○○町2―3
伯母（母の姉） 鈴木幸子

以上

別所帯を構えている兄弟姉妹は配偶者とともに親族書に。祖父母や伯父伯母などは、父方か母方かがわかるように書き入れる。故人や未成年の子どもは省くのが一般的。

奉書紙の折り方

半分に折った奉書紙を三つ折りにして折り目を付けてから、輪のほうを下にして文字を書く。たたんで上包みに包み、表書きをする。

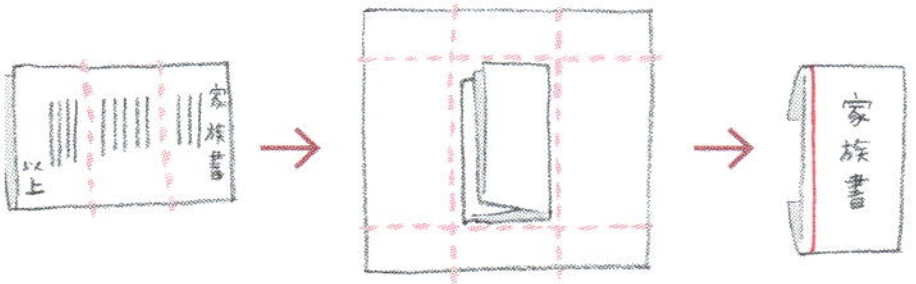

しきたりマナー

結納時の家族の服装

両家の格を統一させて

準礼装か略礼装が一般的な装い

結納は大切な結婚に向けての儀式なので、服装も改まった装いにしなければなりません。正式な結納式を行う場合は、本人も両親も正装に、略式で行う場合は、準礼装や略礼装にするのが一般的です。

いちばん気をつけたいことは、相手が正装なのにこちらが略礼装といったように、双方の格が違ってしまうこと。また親が正装で本人たち

「平服で」と言われたら、略礼装にすれば間違いはないでしょう。普段着ではないので気をつけて。

［父親］

ブラックスーツが基本だが、ダークスーツでも可。ワイシャツは白で、ネクタイもフォーマルなタイプを。靴下や靴は黒に。

［男性本人］

ブラックスーツまたは紺やグレーのダークスーツ。ワイシャツは白で、ネクタイもフォーマルなタイプを。靴下や靴は黒に。

が略礼装というのも不適切です。どのような装いにするかは事前に両家で打ち合わせして、格を揃えることが大切です。

CHECK 両家で確認しておくこと

❶本人の服装

- □ ふたりの装いの格が揃っているか

❷両親の服装

- □ 両家の格が揃っているか
- □ 両本人よりも華美になっていないか
- □ 仲人を立てる場合、仲人とも格が揃っているか

それぞれの服装のポイント

[母親]

和装…紋付きの色無地か訪問着、付け下げを。正装にする場合は色留袖に。
洋装…黒以外のフォーマルなワンピースやスーツ、ツーピース。主役の子どもよりも華やかにならないように。

[女性本人]

和装…振袖は正装となるので、略礼装で行う場合は訪問着または付け下げを。
洋装…フォーマルドレスやドレッシーなワンピース、スーツなど。スカート丈の短いものや肌を露出したデザインは避けて。

あいさつマナー

仲人を立てる場合
正式な依頼は親も同行して

両家を取り持つ大切な役割を担う仲人

かつては両家を取り持つ仲人は、結納から結婚式、式後の新生活まで多岐に渡ってふたりの世話をする重要な役割を担っていました。しかし最近では結婚式がカジュアル化し、仲人を立てずに挙式するカップルが増えています。とはいっても、両本人も両親も結婚の当事者になるため、何かあったときに両家の仲立ちをする第三者は、できれば立て

仲人依頼の流れ

■電話や手紙で先方に打診する

■内諾を得たら、本人たちが揃ってお願いに出向き正式に依頼する

両家の親がいっしょに同行するとていねいだが、どちらかの親だけでもかまわない。

■式の日取りが決まったら、招待状を持ってあいさつにうかがう

ておくことをおすすめします。

仲人には、結納から結婚式までかかわってもらうケースと、挙式当日だけ媒酌人としてかかわってもらうケースがあります。まずは仲人を立てるか否かを決め、立てる場合はどのようにかかわってもらうかを明確にして、先方に依頼するようにしましょう。人選については、本人たちの職場の上司や、本人をよく知っている人、ふたりがお世話になった人などにお願いするのが一般的です。

CHECK　仲人にふさわしい人

- □ 夫婦揃っていて、円満な家庭生活を送っている人
- □ 両本人またはどちらかをよく知っている人
- □ 良識があり、人望が厚い人
- □ 両本人が日ごろから信頼し、尊敬している人
- □ いろいろ相談にのってくれ、世話好きな人
- □ 結婚後もおつきあいをしていける人

依頼の手紙の文例

拝啓　桜の花の美しい頃となりました。吉岡様におかれましては、ますますご健勝のこととお喜び申し上げます。

さて、突然ではございますが、このたび長男の和久の縁談が相調い、この秋に結婚することになりました。お相手は、息子の大学時代の友人の津田真由美さんという方です。

つきましては、息子を小さいときからかわいがってくださっている吉岡様に、ご媒酌の労をとっていただけないかと存じ、お願いするしだいでございます。

お返事いただけましたら、ご都合のよろしい日に改めて参上し、正式にお願い申し上げる所存です。お忙しいなか誠にあつかましいお願いで恐縮でございますが、なにとぞよろしくご検討くださいますようお願い申し上げます。

末筆となりましたが、奥様にもくれぐれもよろしくお伝えください。

敬具

基本構成

1. 時候のあいさつや相手の安否を気遣う言葉、日ごろお世話になっていることへのお礼などの前文
2. 子どもの婚約が決まったことの報告
3. 婚約者の簡単な紹介
4. 仲人の依頼と理由（改めてお願いにうかがうことを書き添える）
5. 相手の健康を願う末文

しきたり
あいさつ

結納当日の進行（仲人を立てる場合）
仲人が結納品のやり取りを行う

略式でも、決まった進行手順を守って

仲人を立てて行う略式の結納式では、仲人夫妻、両本人、両家両親が一堂に会して進めます。結納品の受け渡しや受書のやり取りなどはすべて仲人夫妻が行い、両家両親と本人はその流れに従います。

略式とはいえ、決まった式次第や口上があります。式が終了するまでは、ほかの言葉は話さないのがマナーです。

仲人を立てる略式結納の進め方の例

❶結納品を飾り、それぞれが決まった席に着く

❷はじめのあいさつ

（仲人）「このたびは山田様と田村様のご婚約が調い、誠におめでとうございます。本来ならば私がご両家に持参すべきところですが、略式ながらこの場にてご結納の仲立ちをさせていただきます」

仲人の口上がすんだら一同は深く礼。

（男性の父親）「本日はお忙しいところ、お運びくださいまして誠にありがとうございます。阿部様（仲人の名前）ご夫妻には仲人のお役目をお引き受けいただきありがとうございます。よろしくお願い申し上げます」

❸男性側の結納品を女性側に渡す

仲人夫人が飾ってある結納品を女性本人の前に運ぶ。

（仲人）「こちらは山田様から田村様へのご結納の品でございます。どうぞ幾久しくお納めください」

席次

上座

女性側結納品			男性側結納品		
女性側	仲人夫人	○	○	仲人	男性側
	本人	○	○	本人	
	父親	○	○	父親	
	母親	○	○	母親	

❹女性本人が一礼して目録を受け取り目録に目を通す

本人が「拝見します」と言って目録を手に取り、上包みをはずして目を通す。本人、父親、母親の順に目を通したあと、女性本人または父親がお礼を述べる。「ありがとうございます。ご結納の品、幾久しくお受けいたします」

❺仲人が女性側の受書と結納品を男性側に渡す

（仲人）「こちらは受書でございます。お改めください」
（男性本人）「お受けいただきありがとうございました」
（仲人）「こちらは田村様からのご結納の品でございます。幾久しくお納めください」

❻男性本人が一礼して目録を受け取り目録に目を通す

女性側と同様に、本人、父親、母親の順に目録に目を通したあと、男性本人または父親がお礼を述べる。「ありがとうございます。ご結納の品、幾久しくお受けいたします」

❼仲人が男性側の受書を女性側に渡す

（仲人）「こちらは受書でございます。お改めください」
（女性本人）「お受けいただきありがとうございました」

❽仲人がお祝いの言葉を述べる

「これにて結納の儀は滞りなく相すみました。皆様誠におめでとうございました」

❾男性の父親が仲人にお礼のあいさつをする

「本日は大変お世話になり、ありがとうございました。今後とも若いふたりをよろしくお願い申し上げます」

❿祝宴に移る

しきたり あいさつ

結納当日の進行（仲人を立てない場合）

男性側の父親が進行役を務める

●本人たちと両親だけで行う略式の結納

仲人を立てずに略式の結納を行う場合、男性側の父親が進行役を務めるのが一般的です。当人と家族だけで行うため、儀式ばらずになごやかに行える反面、すべて自分たちで行わなくてはならないため、しっかりと準備しておかねばなりません。事前に両家で式の進行の打ち合わせをして、当日スムーズにことが運ぶようにしておきましょう。

仲人を立てない略式結納の進め方の例

❶結納品を飾り、それぞれが決まった席に着く

❷はじめのあいさつ

（男性の父親）「このたびは、真由美さんと私どもの慶介の婚約が調いまして、誠にありがとうございます。ただ今から、結納の儀を執り行わせていただきます。本来ならば、仲人さまをお通しして正式にお納めするのが本筋でございますが、前もってのお話通り略式にて納めさせていただきます。よろしくお願いいたします」

❸男性側の結納品を女性側に渡す

男性の母親が飾ってある結納品を下げ、女性本人の前に置く。

（男性の父親）「それは慶介よりの結納でございます。どうぞ幾久しくお納めください」

❹女性本人が一礼して目録を受け取り目録に目を通す

本人が「拝見します」と言って目録を手に取り、上包みをはずして目録に目を通す。本人、父親、母親の順に目を通したあと、女性本人または父親がお礼を述べる。「ありがとうございます。ご結納

席次

上座

	女性側結納品	男性側結納品	
女性側	本人 ○	○ 本人	男性側
	父親 ○	○ 父親	
	母親 ○	○ 母親	

Advice

自宅で結納式を行う場合

結納を自宅で行う場合は、床の間に結納品を飾ります。床の間がない場合は、上座に毛せんを敷いたり、台を置いて飾る場所をつくりましょう。先方が来たら、桜湯か昆布茶でもてなします。緑茶は「にごす」と言って、おめでたい席では使いません。

の品、幾久しくお受けいたします」

❺女性の母親が女性側の受書と結納品を男性側に渡す

（女性の父親）「こちらは受書でございます。お改めください」

（男性本人）「お受けいただきありがとうございました」

（女性の父親）「こちらは真由美より慶介さまへのご結納の品でございます。幾久しくお納めください」

❻男性本人が一礼して目録を受け取り目録に目を通す

女性側と同様に、本人、父親、母親の順に目録に目を通したあと、男性本人または父親がお礼を述べる。「ありがとうございます。ご結納の品、幾久しくお受けいたします」

❼男性の母親が男性側の受書を女性側に渡す

（男性の父親）「こちらは受書でございます。お改めください」

（女性本人）「お受けいただきありがとうございました」

❽結びのあいさつ

男性の父親、女性の父親の順に結びのあいさつをして、一同は礼をする。

（男性の父親）「これにて結納の儀は滞りなく相すみました。本日は誠にありがとうございました。今後とも幾久しくよろしくお願いいたします」

（女性の父親）「こちらこそ大変お世話になり、ありがとうございました。今後とも幾久しくよろしくお願いいたします」

❾祝宴に移る

しきたりマナー

結納品の飾り方と処分の仕方、仲人へのお礼

結納品は挙式まで飾っておく

結納式がすんだら結納品は自宅に飾る

いただいた結納品は、挙式まで自宅の床の間などに飾っておくようにします。ただし結納式から挙式までの期間が長い場合は、出しておくと汚れたり傷んだりしてしまうため、結納式後1か月ぐらい飾ったらいったんしまいます。そして挙式1か月ぐらい前になったら再び飾り、お祝いに来てくれた人に披露するようにしましょう。

結納の飾り方

和室の床の間に。床の間がない場合は、白木や黒塗りの板を置いて、その上に飾る。

洋室の場合は、サイドボートの上や、サイドテーブルの上など、高い位置に飾る。

Advice

結納品の処分の仕方

挙式後はふたりの新居に保管しておき、正月や出産のお祝い、結婚記念日のときなどに床の間や玄関に飾ってもよいでしょう。ただしスペースがない場合は処分してもかまいません。その際は神社やお寺に奉納して処分してもらいます。

昆布やするめなどの食材は、料理に使ってもかまいません。

仲人へのお礼 Q&A

Q いつ渡せばよい?

A 結納当日は「御車代」を渡し、謝礼は後日改めてお礼にうかがい渡すのが正式だが、当日の結納式後に謝礼を渡すケースが増えている。結納だけでなく、挙式の媒酌人もお願いする場合は、挙式後にまとめて謝礼を渡してもよいが、「御車代」だけは結納当日に。

Q 金額の目安は?

A 謝礼の金額は、両家それぞれに結納金の1割程度が目安とされている。御車代は1万円、御酒肴料は2万円前後を目安にして両家で折半する。

Q 祝儀袋の表書きは?

A 紅白結びきりの水引で、のしの付いた祝儀袋に入れて。表書きは「御礼」「寿」とし、両家連名で贈る。ほかに「御車代」も包む。また結納後の祝宴に出ない場合は「御酒肴料《ごしゅこうりょう》」を包み、御車代といっしょに渡す。

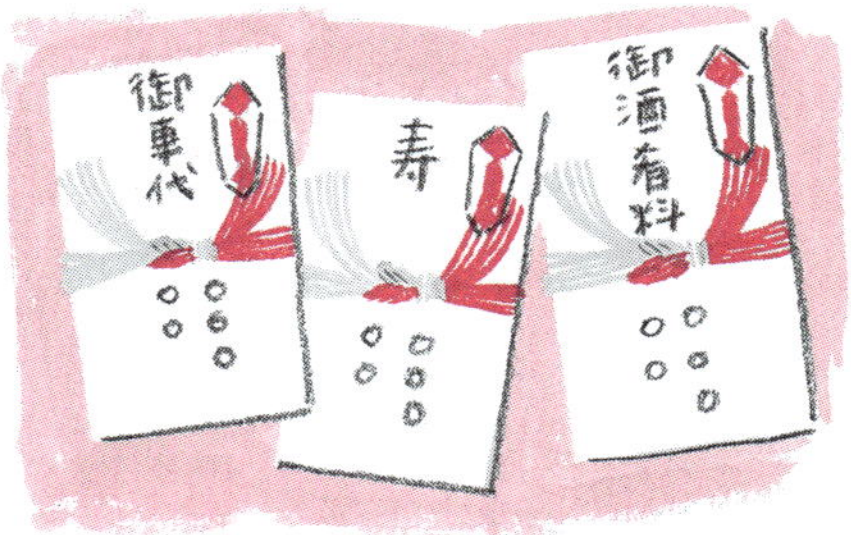

結納以外の婚約の形は？

婚約記念品を贈るケースが多い

婚約スタイルは家族で相談して決める

伝統的な結納式を行う以外にも、婚約にはいろいろなスタイルがあります（→P37）。婚約は、両本人だけでなく両家が結婚への意識をしっかりと持ち、ともに準備をはじめるための大切な工程です。どのような形式で婚約を行うかは、子どもたちだけで決めてしまわずに、両家でよく相談して決めるようにしましょう。

お互いに心に残る婚約記念品を贈り合う

最近では結納式を行わずに、婚約記念品をお互いに交換することで、それを婚約の証とする婚約の形が増えています。また、婚約記念品の交換は、結納や婚約式など、ほかの婚約スタイルにプラスして行うこともあります。

正式に指輪や時計などの記念品を渡す場合は、2枚重ねの奉書紙に包み、金銀の結びきりの水引をかけ、表書きは「寿」または「婚約記念」とするのがしきたりです。購入した店で、婚約記念品として包装してもらうとよいでしょう。スーツやそのほか大きなものは、正式な包み方になっていなくてもかまいません。

お互いに無理のない範囲で記念品を用意する

男性から女性に贈る記念品でもっとも多いのは婚約指輪です。なかでもダイヤモンドが人気ですが、身につけていると魔よけになるという誕生石の指輪を贈るケースもあります。ほかには、男性の母親が結婚する際にもらった指輪を譲る、その家に代々伝わる品を贈るなどのケースもあります。

女性から男性に贈る婚約記念品としては、時計やスーツなどが主流です。ほかにパソコンや趣味の品など、本人の希望があればそれにしたがってもよいでしょう。

婚約指輪は「給料の3か月分」といわれていますが、これはあくまでも目安です。相場としては男性側が50万円前後、女性側が10～20万円ぐらいの金額の品を選ぶケースが多いようです。

これから結婚式の費用だけでなく、新婚旅行や新生活準備など、ほかにもいろいろな費用がかかります。子どもが婚約記念品を選ぶときに無理をしているようなら、これからの支出をよく考えて予算を立てるよう、アドバイスするとよいでしょう。

ここがポイント！

◉婚約式、婚約披露パーティー、婚約通知、記念品の交換など、結納式以外の婚約スタイルをする場合は、本人たちだけでなく、両家の合意のうえで行う。

◉婚約記念品の相場は、男性側50万円前後、女性側10～20万円。ただしこれは結婚費用の一部にすぎないため、無理をして記念品が予算オーバーとならないようアドバイスを。

しきたり

婚約式・婚約披露パーティーを行う

本人たちが主体となって進める

婚約式は欧米の習慣にならった儀式

婚約式は本来、キリスト教徒が教会で神に婚約を誓う儀式です。最近ではキリスト教徒に限らず、身近な人に立会人となってもらい、ホテルやレストランでも婚約式が行われるようになりました。ふたりが誓いの言葉を朗読し、誓書に署名して記念品を交換するのが大まかな流れです。婚約式のあとに婚約披露パーティーを行うケースもあります。

婚約式の流れの例

キリスト教以外の婚約式は決まったルールがなく、式次第など自由に考えることができる。友人や知人に立会人になってもらって行うのが一般的。

■立会人のあいさつ

↓

■婚約誓書の朗読（両本人）

↓

■婚約誓書に署名する

↓

■立会人が婚約誓書に署名・捺印

↓

■婚約記念品の交換

↓

■立会人による婚約宣言

↓

■両本人のあいさつ

↓

■会食

婚約披露パーティーで婚約を披露する

両親や家族だけでなく、親しい友人や知人たちを招いて婚約を披露するのが婚約披露パーティーです。欧米ではよく行われているスタイルで、結婚式の前に、お互いの友人に相手を紹介するにはよい場だといえます。

婚約披露パーティーの流れの例

ホテルやレストランの一室を借りて、親しい人を招いて行う。形式に決まりはなく、カジュアルな雰囲気で行うのが一般的。

- ■司会による開会の言葉 ←
- ■婚約の発表（司会または両本人）←
- ■婚約の誓いの言葉（両本人）←
- ■婚約記念品の交換 ←
- ■乾杯 ←
- ■食事・歓談 ←
- ■両本人からの謝辞 ←
- ■司会による閉会の言葉

Advice

子どもたちの友人・知人を中心に

あくまでも本人たちが主体となって行うカジュアルなパーティーなので、親の知人などは招きません。また親戚も披露宴に招いているので、この場への招待は省くのが一般的です。親は子どもたちの友人と知り合ういい機会。もてなし役にまわって、お礼がてら、いろいろな人と会話を交わすとよいでしょう。

あいさつマナー

婚約通知を出す

婚約を知らせ、今後のつきあいを願う

たくさんの人に婚約を知らせられる婚約通知

婚約を、親戚や友人・知人にはがきやカードで知らせる婚約通知。内容は婚約を報告するだけの簡単な文面でかまいません。早くに結納を行い、挙式まで時間があく場合にも、挙式・披露宴の予定を伝えるために婚約通知を出す場合もあります。

気をつけなければならないのは、個性的な通知にしたいという思いから、くだけすぎた文面になってしまうこと。友人たちへは形式ばらない通知でもかまいませんが、親戚や親の知人、恩師などにも送るのであれば、結婚に対するふたりのしっかりとした姿勢が伝わる文面にする必要があります。盛り込むべき内容がきちんと書かれているか、親として目を通してあげるとよいでしょう。

また会社の上司など、毎日顔を合わせている人には、通知よりも口頭で知らせるのがマナー。子どもが知らないようでしたら教えてあげるようにします。

婚約通知はがきの文例

雨にぬれた紫陽花が美しい頃となりました。皆様にはお元気でお過ごしのこととお喜び申し上げます。

さて、私たちは5月に婚約いたしました。これまで私たちを見守ってくださった皆様に、心よりお礼申し上げます。挙式・披露宴は10月を予定しております。挙式につきましては、改めてご案内させていただきます。

お互いに尊敬しあい、あたたかい家庭を築いていきたいと思っております。未熟なふたりではございますが、これからも今まで同様のご支援、ご鞭撻のほど、よろしくお願いいたします。

まずは、書中をもちまして、婚約のご報告を申し上げます。

平成○年○月○日

斉藤正敏
岡本恵美

基本構成

❶時候のあいさつや相手の安否を気遣う言葉、日ごろお世話になっていることへのお礼などの前文

❷婚約が決まったことの報告

❸挙式・披露宴の日程の連絡（招待する予定の人には、改めて案内状を送る旨を伝える）

❹結婚生活への抱負

ここがポイント！

- 大げさにならないよう、はがきかカードで。
- 親の名前で出す場合もあるが、友人たちに出す場合は本人たちが連名で出すケースがほとんど。
- 印刷した場合でも、ふたりの名前は手書きにするのが望ましい。
- 結婚通知ではないので、年賀状のやり取り程度の人にまで送る必要はない。
- 婚約を喜ぶあまり、カジュアルな文面にならないよう注意。婚約の報告と挙式・披露宴の予定を中心にすっきりとまとめる。

あいさつマナー

両家食事会を行う
男性側が中心となってセッティングを

両家が顔を合わせて正式なあいさつを

ふたりがお互いの両親を紹介し合い、両家の結びつきをスタートさせる両家食事会。この会食の場で婚約の正式なあいさつを交わすこともあれば、簡単な顔合わせのみにとどめ、改めて結納式や婚約式などを行うケースもあります。

どういった意味を持つ会食なのかを、双方の家族がわかったうえで出席することが大切です。

両家食事会の流れの例

当日は男性側の父親か男性本人が司会役を務めます。またこの席で婚約記念品の交換を行う場合もあります。

■はじめのあいさつと乾杯

男性または男性の父親があいさつをする。

「本日はよろしくお願いいたします」

あいさつのあと、乾杯の音頭を取る。

■お互いの家族を紹介する。

男性が自分の家族を紹介する。職業や趣味などをひと言加えてもよい。

「父の岡田恵一です。○○会社の営業を担当しています。こちらは母の栄子です」

次いで、女性が自分の家族を紹介する。

■婚約記念品の交換

受け取った記念品は出席者に披露する。

■食事・歓談

■締めのあいさつ

本人たちからお礼のあいさつをする。

「本日はありがとうございました。これから結婚式に向けていろいろと相談をさせていただくことになると思いますが、よろしくお願いいたします」

男性側がリードして会を進める

婚約の場としての食事会は、改まった席となるので、個室のあるレストランや料亭などで行うようにしましょう。挙式の6～3か月前で、双方の都合のよい日時を選びます。

食事会のセッティングから当日の進行まで、男性側がリーダーシップをとって進めるのが一般的ですが、子どもたちが親を招待する形で行うケースもあります。

出席するのは基本的に両本人と両親。親族の顔合わせも兼ねて兄弟姉妹や祖父母、親戚などが出席してもかまいません。服装はあまりカジュアルになりすぎないよう、両家で相談して決めておきます。

こんなとき どうする? Q&A

Q 両家が遠方にある場合は？

A 子どもが家から独立して生活をしているならその住まいの近くで行う、お互いの中間地点で行う、男性側があいさつを兼ねて女性宅を訪問する、などの方法があります。いずれにせよ、交通の便がよく、両家の負担が平等になるようにセッティングすることが大切です。

Q 費用の目安は？

A 会食の費用はひとり1万円程度が目安。両家で折半するか、出席した人数分をお互いに出し合うのが一般的です。ただし一方が遠方から出席した場合は、その交通費を考慮して、食事代はもう一方が負担するケースも。お金のことは当日支払いの場でごたごたすると見苦しいので、事前にきちんと決めておきましょう。

婚約解消・破棄の場合は？

基本的には双方に責任がある

一般に「性格の不一致」「価値観の相違」などの理由で婚約を解消した場合、双方に責任があると考えられています。これは両者が話し合った結果でも、どちらかが破棄を申し出た場合でも同様です。

裁判所で婚約破棄の正当な理由として認められ、慰謝料などが発生するのは、婚約後も特定の異性との交際を継続していた、多額の借金があることを隠していた、など明らかに一方に非があるケースに限られています。

いずれにしても、まず本人同士が十分に話し合うことが第一です。話し合いがつかない場合、家族では感情的になりやすいので、仲人や信頼できる第三者に間に入ってもらうほうがよいでしょう。

婚約前の状態に戻す

解消が決まったら、婚約指輪などお互いに贈り合ったものを返却し、婚約前の状態に戻すのが基本的なマナーです。式場の予約金など、支払った費用は両家で折半。すでに家具などを購入しているときは、購入した側が引き取るのが一般的です。一方に非がある場合は、責任のある側は返却を辞退するなど、両家の話し合いで対処を決めます。

周囲の人にも婚約解消を早めに知らせる必要があります。仲人へのお詫びは両家で出向き、結納金返却などで間に立ってもらい手数をかけた場合には、いくばくかのお礼を包みます。

式の招待状を送った相手など、婚約を知らせた人には、ふたり連名もしくは個別に、解消の通知を出します。お祝いをもらっている場合は、同額程度の品物か商品券などでお返しします。

3章

婚約から結婚式まで

式の準備と親の役割

婚約が正式に調うと、結婚式当日に向けて慌ただしい日々がやってきます。挙式・披露宴の日取りと場所の決定、衣装、料理、引き出物選び、招待客を決めたり招待状を送ったりなど、限られた時間内に準備しなくてはならないことがたくさんあるからです。

子どもたちだけで準備をしている場合などは、ちゃんと準備が進んでいるのかどうか不安を抱くこともあるでしょう。親としてできるだけのことはしてあげたい、そんな思いから、あれこれと口を出したくなることもあると思います。

では親は、どの程度まで準備にかかわっていいものなのでしょうか。基本的には、婚約から挙式・披露宴を終えるまで、親はすべてのことに目を通したいものです。口をはさむというのではなく、子どもといっしょに考え、子どもの意見や希望を理解したうえで、必要があれば親としてアドバイスするという姿勢が望ましいといえます。

たとえば目上の方へのあいさつの仕方や、席次の決め方、引き出物の選び方など、若いふたりには目が届きにくいところもあるでしょう。主役ではないからこそ、見えてくることを、もあります。「お金を出しても口は出さない」「子どもたちの希望にすべてまかせている」というのは一見ものわかりのよい親のようにも思えますが、それは親としての責任を放棄していることでもあるのです。

　もちろん、まかせるところは子どもにまかせ、見守ることが大切です。ふたりにとって一生に一度のセレモニーなのですから、子ども自身の思い描く結婚式像というものがあるはずです。それをないがしろにして、親の希望を押しつけるのは論外。また、何でもしゃしゃり出て、先頭をきって行動するのも、これから独立して所帯を持つ子どもに対してふさわしい態度とはいえません。すべてのことに目を通しつつ、どのようにしたら子どもがいちばん幸せになれるか、子どもと同じ方向を向いて考えるのが親の役割です。そうすれば、子どもも親も列席してくださる方々も、みんなが満足できる挙式・披露宴を迎えることができるでしょう。

相手家族とはどうつきあう？

適度な距離をおき、節度あるおつきあいを

遠すぎず、近すぎないおつきあいを

相手の家族とは、結婚したら親戚になるとはいえ、それまでは他人という、あいまいな関係です。結婚式の準備で先方と相談する機会が増えると、急速に親しくなることもあるでしょう。でも、家族同様のような、なれなれしい態度は控えます。

子どもの婚約者に対する態度も、気をつけて。とくに母親は親しくしたいという気持ちから、まだ結婚していないのに、自分の子どものように扱ってしまうケースがあります。花嫁衣装は和服がいいとか、新居はここにしたらなど、よかれと思って言ったことが相手からは煙たがれる可能性も。また相手の親にとっても、よい気持ちはしないでしょう。

婚約者にもその家族にも、結婚式を迎えるまでは、適度な距離を持って、礼儀をわきまえたおつきあいをしていくようにしましょう。

ふさわしい呼び方

●子どもの婚約者

○ 姓もしくは名に「さん」を付ける

× 名に「くん」「ちゃん」を付ける（婚約する前から「～くん」「～ちゃん」と呼んでいる場合を除く）

●婚約者の親

○「～さんのお父さま、お母さま」

×「お父さん、お母さん」

相手の親が結婚に反対しているときは

相手方の親が結婚に反対している場合、どのようなおつきあいをすべきか悩むところです。先方の態度を不愉快に思い、だからこちらも連絡を絶つという態度は望ましくありません。

挙式や披露宴がスムーズに進むよう、できるだけ寄り添う態度が大切ですが、相手の親に直接連絡をすると角が立つこともあります。そんなときは、媒酌人に間に入ってもらい、事務的な確認をしてらうとよいでしょう。最近では媒酌人を立てないケースが増えていますが、媒酌人がいれば、こういったときにとても心強いものです。

Q お中元やお歳暮は贈るべき?

A とくに贈る必要はありません。相手からいただいた場合は、礼状を出して、同等の品を贈るようにします。

Q 身内に不幸があったら?

A 祖父母など血縁の近い人の不幸は連絡を。相手が遠方の場合は、「遠方ですのでお気遣いなさらないでくださいね」と伝え、よけいな気遣いをさせないよう、気配りをしましょう。

Q 相手の家族に不幸があったら?

A ていねいにお悔やみを述べ、必要に応じて手伝いなどを申し出ます。近親者の葬儀には、子どもだけでなく親も参列を。

結婚式のスタイルを決めるときは？

子どもの希望を尊重して

宗教的な意味合いは薄れる傾向に

結婚式とは、ふたりがその生涯をともにすることを誓うための儀式です。なかでも神前式、キリスト教式、仏前式は、それぞれ神や仏の前で誓いを立てる、宗教的な儀式になります。日本のオーソドックスな式と考えられている神前式は、神道が重視されるようになった明治時代から行われはじめ、その後大正時代に一般に広まったといわれています。

しかし今では、一部の信仰を持つ人たち以外にとって宗教的な意味合いは薄れているといえます。最近増えている人前式は、神仏ではなく出席者の前で誓いを述べるものです。

全国的に実施された「＊結婚トレンド調査」ではキリスト教式が挙式の53%を占めていますが、もちろん、このすべてのカップルがキリスト教徒ではありません。教会での式やウエディングドレスへのあこがれ、友人など多くの人に参列してもらえることなどが魅力となり、挙式のスタイルとして選ばれているのです。

「キリスト教徒でもないのに教会で式なんて……」と考える方もいるかもしれません。しかしそれならば、「神道を信じているわけでもないのに神前式？」という考え方も成り立ちます。昨今の結婚式事情を考えたとき、とくに宗教的な背景がない限りは、挙式のスタイルは子どもたちの望む形でよいのではないでしょうか。

招待客への配慮がもっとも重要

結婚式は、結婚を神仏や列席者に誓うだけでなく、その誓いを周囲の人に認め祝福してもらう場でもあります。宗教的意味合いが薄れている今、むしろこちらのほうが大切といってよいでしょう。

ですから、招待客が快く出席し、心から祝福してくれるような式にするための配慮は欠かせません。とくにキリスト教式や人前式の場合、親族だけでなく友人や知人も出席できるので、子どもたちの考え方はどうしても友人など若い人中心になりがちな点が心配です。

立っている時間が長い場合は座れる場所を用意しておく、式次第などを配る場合は読みやすくわかりやすいものにするなど、配慮が必要な部分はきちんとアドバイスしましょう。

また親として、決まったプランを理解し納得しておくことも大切です。たとえば親族から否定的な意見を言われたとき、子どもの考えを説明し、納得したうえで快く出席してもらうといったことも、親の役目と考えてよいでしょう。

大切なのは スタイルよりも
招待客への配慮
あの子たち こんな風に 考えてるのよ

ここがポイント！

- 相手の家に信仰がある場合は尊重する。
- 宗教的な反対理由がない限り、子どもたちの望みを受け入れたい。
- 招待客、とくに年齢の高い親族への配慮はしっかりチェック。
- プランが決まったら、親族などから否定的な意見が出ても、同調して不満を言ったりしないで、きちんと説明する役目を果たす。

＊「結婚トレンド調査 2016」／結婚情報誌「ゼクシィ」（リクルート発行）調べ

しきたり

神前式の式次第

神道の儀式でふたりの幸せを願う

事前の説明や、係の指示をよく聞いて

神道の作法にのっとって行われる神前結婚式は、新郎新婦が神様に結婚を誓い、また参列した親族も杯で契りを固めるなどします。

参列者は、両家合わせて30～40人が一般的で、両親を先頭に新郎新婦と血縁の深いものから並びます。先頭がしっかりしないとあとが続きません。係の指示を注意深く聞いていることが必要です。

一般的な式次第と心得

行われる儀式やその呼び方、順序は神社や会場によって多少異なる。

■入場

係の誘導に従って、新郎新婦を先頭に媒酌人、両親、家族と血縁の深い順に入場し、全員が揃ったら着席する。

入場前に手や口を水ですすいで清める場合もある。

■修祓《しゅうばつ》の儀

斎主が入場し、式が始まる。全員が斎主からの修祓（清めのお祓い）を受ける。

お祓いを受けるときは起立し、頭を下げる。神前に向かって拝礼をする場合は深いおじぎを。どちらの場合も背筋を伸ばして。

■祝詞《のりと》奏上《そうじょう》

斎主が神前で新郎新婦の結婚を報告し、ふたりを祝福する祝詞を読み上げる。

起立し、頭を下げて聞く。

玉串の捧げ方

❶右手で枝元を持ち、左手で葉先を下から支えるようにして玉串を受け取る。

❷玉串案の前に進んで一礼、右手を手前に返しながら葉先を前方に向ける。

❸左手を枝元に、右手を葉先に移動し、時計回りに回す。

❹枝元を前方に向け、両手で下から支えて、玉串案に捧げる。

■三献《さんこん》の儀

新郎新婦の三三九度。大中小三つ重ねの杯を、小さいものから順に使い、それぞれ新郎、新婦、新郎の順にいただく。

■誓詞奏上《せいしそうじょう》

新郎新婦が神前に進み、誓いの詞を読み上げる。読み終えたら、誓詞をたたみ直し玉串案に供える。

■指輪交換

結婚指輪を新郎から新婦に、新婦から新郎に贈る。本来神前式の儀式ではないが、行われることがほとんど。

■玉串奉奠《たまぐしほうてん》

まず新郎新婦、次に媒酌人夫婦が玉串を捧げる。続いて親族代表（一般的に両親の父親）が行うこともある。それぞれ玉串を捧げたあとは、二拝、二拍手、一拝する。

■親族杯の儀

お神酒を参列者一同で飲み、親族の契りを固める。全員にお神酒が注がれたら、巫女の合図で三口で飲み干す。

■退場

斎主が終了の祝詞をあげ、一同で神前に拝礼。新郎新婦を先頭に、係の誘導に従って退場する。

退場のときも、静かにおごそかに。

杯は4本の指をきちんと揃え両手で持つ。お酒を飲めない人は飲むまねだけでよい。

玉串は神様に願いを込めながら捧げるもの。手順だけにとらわれず、ふたりの末永い幸せを祈ることが大切。親族代表が拝礼するときは、ほかの参列者も起立し、その場でいっしょに拝礼する。

しきたり

キリスト教式の式次第 神の前で永遠の愛を誓う

どんな宗派の場合も厳粛な気持ちでのぞむ

ひと口にキリスト教といっても、多くの宗派があり、式次第や衣装に違いもあります。ともすると神前式より気軽に考えてしまいがちですが、どんな宗派の場合でも宗教にのっとった儀式。神に結婚を報告し、幸せを願うことを忘れず、厳粛な気持ちで参列しましょう。とくにカトリックの式では厳格な態度がのぞまれます。

一般的な式次第と心得

宗派により異なるが、日本で多く行われているプロテスタントの一般的な式の流れは次の通り。同じ宗派でも、教会や式場によって違いがある。

■参列者、新郎入場

参列者が入場し、席に着いたら、新郎が介添え人とともに入場する。

両親はいちばん前の内側に座る。入場の際に、参列者は中央のバージンロードを歩かないように注意。

■新婦、父親入場

新婦が父親のエスコートで入場する。参列者は起立してふたりを迎える。父親は、新郎のところまで進んだら新婦の手を取り新郎に引き渡して、自分の席に座る。

父親は、胸をはって背筋を伸ばす。足元を気にして下を向いたり、視線をあちこち動かさないよう、まっすぐ前を見て。

■賛美歌合唱

参列者一同、起立したまま賛美歌を歌いふたりを祝福する。

歌詞が配られているので、祝福の気持ちを込めて歌う。

慌てずにバージンロードを歩く

キリスト教式の式では、新婦の父親には、新婦といっしょに入場し、新婦を新郎に引き渡すという重要な役割があります。

足の出し方、進む早さなどを揃えるよう、新婦と練習しておくと、当日の緊張もやわらぐでしょう。

足を一歩前に出し、反対の足をその横に一度揃え、揃えた足を一歩前に出す……というように、一歩一歩足を揃えながらゆっくり進む。

■聖書朗読・祈祷

牧師が聖書の一節を朗読し、祈りを捧げる。

■誓約式

牧師が新郎新婦に永遠の愛を誓うか問いかけ、新郎新婦がそれに答えて結婚を誓約する。

■指輪交換

新郎が新婦に、新婦が新郎に指輪をはめる。このあと、花嫁のベールをあげ、誓いのキスをすることも。

■結婚成立の宣言・署名

牧師がふたりの手を重ね、さらに自分の手を重ねて、神に祝福を祈り、結婚の成立を宣言する。この前後に、結婚誓約書や婚姻届に新郎新婦が署名をする場合も。

■賛美歌合唱・祝祷

参列者一同、起立して祝福の賛美歌を歌い、牧師が祝いの祈りを捧げる。

■退場

新郎新婦が退場し、続いて介添え人が退場。参列者は最後に退場する。

参列者は目をふせ、静かに聞く。

参列者は起立して、ふたりの誓いをしっかりと聞く。

参列者は新郎新婦が退場するときは拍手で見送る。フラワーシャワーやライスシャワーがある場合、ふたりの上から降り注ぐように高く投げる。

しきたり

仏前式の式次第

仏様と祖先に結婚の報告をする

一般的な式次第と心得

宗派によって儀式やその呼び名にも違いがあるが、大きな流れは次の通り。

■入場（入堂）

参列者、新郎新婦と媒酌人、司婚者の順に入場する。

参列者は起立して、または着席したまま合掌して司婚者を迎える。司婚者は入場後仏前に焼香、合掌、礼拝を行うので、参列者も合わせて合掌、礼拝を行う。

■啓百文《けいびゃくもん》朗読

司婚者がご本尊に向かい、ふたりの結婚を報告する啓白文を朗読する。

参列者は起立して厳粛に聞き、指示があれば合掌や礼拝を司婚者に合わせてする。

※司婚者《しこんしゃ》とは、式を行う僧侶のこと。

■念珠授与

司婚者が仏教徒の証である念珠（数珠）を授ける。新郎新婦はこれを両手で受け、左手に持つ。本来仏教の儀式にない指輪の交換も、希望すればこのあと行うことができる。

事前に参列者にひと言説明を

仏前結婚式は菩提寺で行うのが本来ですが、大きな寺院や自宅、一部の結婚式場でも行われます。ほかの結婚式に比べるとなじみが薄いので、参列していただく方には、招待状などを利用して、あらかじめ仏前式であること、数珠を持ってきてもらうことなどを連絡する必要があります。

合掌、礼拝、焼香時に願いを込めて

式のなかでは何回か合掌、礼拝をすることがあります。そのときには形だけでなく、心からふたりの幸せを仏様やご先祖に願いましょう。焼香時も同様です。

●数珠の持ち方

合掌するとき
両手を合わせ、親指以外の4本の指にかける。房は下にくるように。

焼香するとき
左手で軽く持ち、右手で焼香する。

■司婚の辞
司婚者が新郎新婦に結婚の誓いを求める。ふたりが誓うと、司婚者は結婚の成立を宣言する。

■誓詞朗読
新郎新婦が誓いの言葉を読み上げる。

■焼香
新郎新婦が焼香する。まず新郎、次に新婦。この後、媒酌人や、両親、親族が続いて焼香する場合も。

焼香は左手に数珠を持ち、右手で香をつまんで行う。焼香の回数は1回のことが多いが、宗派によって異なる。

■誓杯（式杯）
新郎新婦が契りの杯を交わす。神前式の三三九度にあたる。

■参列者一同祝杯（式杯）
参列者一同で祝いの酒を飲み、親族の契りを交わし、ふたりの幸せを願う。

全員に注がれたら、合図に合わせて飲み干す。

■法話
司婚者が新郎新婦へお祝いの説話を述べる。

終わったら、一同起立して合掌、礼拝する。

■退場（退堂）
初めに司婚者が退場する。続いて新郎新婦、媒酌人、参列者が退場する。

司婚者が退場するときには合掌して見送る。

マナー

人前式の式次第
参列者に結婚を誓い、祝福を受ける

式への心構えは、ほかのスタイルと同じ

神仏に結婚を誓い祝福を祈願するほかの結婚式と違い、人前式の結婚式では、参列者に対しふたりで結婚を誓います。形式や式場にとらわれず多くの人に祝ってもらえるスタイルで、この形で式を挙げるカップルも多くなっています。

形が決まっていない分、親としてはどうしていいかわからないと思いますが、参列するときに大切なこと

一般的な式次第と心得

自由なスタイルの人前式結婚式は、和風に三三九度を盛り込むなど、新郎新婦の考えによってさまざまな式次第となる。基本となるのは次のような流れ。

■入場
参列者が揃ったら、新郎新婦が入場する。

拍手でふたりを迎える。

■新郎新婦紹介
司会者が開式の言葉を述べ、新郎新婦の紹介をする。

■誓約式
新郎新婦が誓いの言葉を読み上げる。誓いの言葉はふたりで考えたものでも、用意されたものでもよい。

は、ほかのスタイルの結婚式と同様です。ふたりを祝福し、末永い幸せを祈ること、また、新しく親族となる相手方家族にどうぞよろしくという気持ちでのぞむことです。

さらに人前式では、式の準備から進行までを手伝ってくれる、ふたりの友人たちへの感謝の気持ちが欠かせません。

■指輪交換

新郎が新婦に、新婦が新郎に指輪をはめる。

■結婚証明書、婚姻届に署名、捺印

結婚証明書や婚姻届に、新郎新婦がそれぞれ署名捺印する。続いて、立会人の代表者が証人として署名、捺印する。婚姻届には2名の証人が必要。

■結婚成立の宣言

司会者や、立会人代表がふたりの結婚が成立したことを宣言する。

心から新郎新婦を祝福する。大きな拍手で祝福を表現することが多い。

■乾杯

司会者や立会人代表の合図で、参列者全員で乾杯しふたりを祝福する。

■退場

新郎新婦が退場する。乾杯後そのまま披露宴となったり、写真撮影となったり、会場を移してから披露宴を行ったりと、いろいろなパターンがある。

ポイント

●ときには式に親のあいさつが組み込まれることも。事前に本人たちやプランナーに流れをきちんと確認しておく。

●自由といっても、誓いの儀式なので、あまりカジュアルになり過ぎるようなら、親としてアドバイスも必要。

結婚費用を考えるときは?

子どもたちの経済力に見合った計画を

親がどこまで負担するかは両家で相談

結納・婚約から新婚旅行、新居の準備まで、結婚には何かとお金がかかります。全国的に実施された「結婚トレンド調査」[*]によると、結納・婚約から新婚旅行までにかかった費用は、全国平均で469万円。そのうち359万円が挙式・披露宴の費用となっています。

結婚費用は、本人たちの結婚資金に、披露宴に出席した人たちからのお祝い金と親からの援助を加えてまかなうケースが大半です。前述の調査では結婚した人の4人に3人が親からの援助を受けたと回答していて、その平均援助額は189万円となっています。

実際には大半のカップルが親からの援助を受けて結婚しているわけですが、最初から援助をあてにしてプランを立てるというのは考えものです。お祝い金を含め自分たちが使えるお金を予算として、プランを立てさせるほうがよいでしょう。

それをもとに両家で話し合い、必要であれば、どこにいくらくらいプラスしてあげるのかを決めます。できればそのプランを実行した場合、ふたりにいくらの貯金が残るのかも確認します。場合によっては将来に向けての貯金が残るように、一部を両親が援助することも考えられます。

お金のかけ方も両家の負担もバランスよく

ページ下のデータを見ると、新婦の衣装にかかる費用は新郎の約3倍。事前準備のブライダルエステにもお金をかけていることがわかります。またスナップやビデオ撮影などにかけている費用から、一生に一度のセレモニーを記念に残すことにも強い思い入れがあることがうかがえます。このように、本人たちが重視したいところにお金をかけるのは決して悪いことではありませんが、費用全体のなかでのバランスを考えることが大切です。

たとえばビデオ撮影の費用を捻出するために、招待客に出す料理や飲み物の費用を節約するというのでは、皆さんを招待して、自分たちの結婚を認め、祝福してもらうという披露宴本来の趣旨からずれてしまいます。

挙式・披露宴にかかる費用は両家で折半するのが一般的ですが、前述のように新郎新婦の衣装代に差があったり、招待客の人数に差がある場合、衣装代や招待客の人数分の費用はそれぞれが負担し、残りを折半にするという方法もあります。両家で話し合い、お互い不満や不公平感が残らないように分担を決めるとよいでしょう。

CHECK 挙式・披露宴の項目別平均費用

●料理・飲み物（1人当たり）18,300円

●挙式料	315,000円	●ウェルカムアイテム	16,000円
●ブライダルエステ	85,000円	●ブーケ（ひとつ当たり）	30,000円
●新婦の衣装	474,000円	●会場装花	174,000円
●新郎の衣装	167,000円	●スナップ撮影	223,000円
●ギフト（1人当たり）	6,500円	●ビデオ撮影	189,000円

＊「結婚トレンド調査 2016」/ 結婚情報誌「ゼクシィ」（リクルート発行）調べ

日取りと式場、披露宴会場を決めるときは？

招待客のことを配慮して決める

出席しやすい日取りを選び早めに通知を

挙式・披露宴の日取りは、少なくとも6～3か月前には決めます。あまりぎりぎりになってしまうと、招待するお客様に迷惑をかけることにもなりかねません。

両家、媒酌人の都合のよい日を選ぶのはもちろんですが、招待客の都合を考えることも大切です。年度末など仕事の忙しい時期、ゴールデンウィークや夏休み、年末年始などの連休中は、それぞれ予定がある可能性が高い時期ですので、基本的に避けるべきです。

結婚式場が混むのは、気候のよい春と秋。とくに大安吉日は予約が取りにくくなっています。最近では、「大安」などのお日柄にはこだわらない人も増えていて、式場側でも仏滅の日やシーズンオフの時期に、割引など特典の多いブライダルパックを用意することも多くなっています。

招待客への配慮は欠いてはいけませんが、お日柄を重視するのか、空いている時期にお得なパックを利用するのかなどの選択は、本人たちと両家の考え方次第です。

会場選びは細かなところまでチェックして

式場や披露宴会場、披露宴のスタイルを決めるときも、招待客への配慮を選択の条件のひとつに加えるべきです。交通の便が悪く行きづらい場所、式場と披露宴会場が離れていて、移動だけで疲れてしまうような場所は避けましょう。

ガーデンウェディングなど屋外の施設を選択する場合は、時期を考慮する必要があります。気候のよい時期ならさわやかで快適かもしれませんが、炎天下や寒風吹きすさぶなかでは、招待客に失礼です。

披露宴の形式も同様です。友人関係の多いカジュアルなパーティなら立食スタイルで、オリジナルな演出を工夫するのも楽しいでしょうが、年配の親族や恩師、両親の関係者など、出席者の年齢層が比較的高い場合は、落ち着いて食事を楽しめる着席スタイルで、オーソドックスな披露宴にしたほうが喜ばれるでしょう。

式場、披露宴会場選びは、予算、招待客の人数、式や披露宴のスタイルなど、すべてのことにかかわってきます。たとえば衣装にしても、貸衣装があるのか、持ち込みは可能か、その場合の料金はいくらかなど、会場によって違ってきます。それだけに雰囲気やイメージに流されず、細かなところまでチェックが必要。子どもたちの目が届かないところがあれば、しっかりフォローする気持ちでいましょう。

CHECK 会場を選ぶときに親として目配りしたいこと

●招待客への配慮

- ☐ 交通の便
- ☐ 駐車場の有無
- ☐ 式場と披露宴会場の移動距離
- ☐ 料理や飲み物の種類・味
- ☐ 引き出物の種類・格
- ☐ スタッフの接客態度
- ☐ 会場の快適さ

●予算

- ☐ 選択できるオプションの種類とその金額

衣装・料理・引き出物を決めるときは？

招待客をもてなす意識を大切に

希望は押しつけにならないように伝える

婚礼衣装については、とくに女性側の思い描いているイメージが強いものです。基本的に新婦がウエディングドレスを着たいなら新郎はモーニングに、白無垢ならば紋付袴にするといったように、女性側の衣装に合わせるケースが多いようです。

もし「ぜひ娘の白無垢姿を見たい」などの希望がある場合は、押しつけにならないよう子どもに伝えるとよいでしょう。そのうえで、会場の雰囲気や挙式スタイル、予算などと合わせて決めるようにします。

衣装はレンタルするケースと購入するケースがあります。披露宴を行う式場でレンタルするのがいちばん手間のかからない方法ですが、それ以外の場所でレンタルまたは購入したものを着用することもできます。その場合、持ち込み料が別途かかる場合がほとんどです。

料理が披露宴の成功を左右する

披露宴の料理には洋食、和食、中華料理、和洋折衷、バイキングと、いろいろなパターンがあります。料理は招待客をおもてなしする大切な要素。料理の内容によって招待客の満足度が左右されるといっても言い過ぎではありません。ですから慎重に決める必要があります。限られた予算のなかで決めるのであれば、演出を多少けずってでも、料理のランクをアップさせることをおすすめします。

引き出物は自分がもらう身になって考えて

引き出物は持ち帰るときに負担にならず、なおかつ実用的な品が喜ばれます。以前はインテリア小物がよく選ばれていましたが、最近ではブランド品のグラスなど質がよいものが好まれる傾向があります。また、紅白のワインのように使いきってしまえる品も人気があります。

たとえば新郎新婦の写真が刷られた絵皿などは、本人たちには記念になるでしょうが、とても実用的とはいえません。自分がもらう立場になって考えることが大切です。

地方によって、赤飯や紅白饅頭を付けるなど、決まった習慣がある場合もあります。また、かさがあることが重要であるという地方もあります。地域の習慣は子どもたちにはわからないこともあるので、親がアドバイスしてあげましょう。

ここがポイント！

- 引き出物は一人ひとりに渡すものだが、夫婦の場合はひとつでよい。夫人のほうに別の品を用意して渡すのも喜ばれる。
- 好きな品を選べるカタログギフトも若い人には人気。ただし、しきたりを重んじる年配の人や地方によっては、不向きな場合も。招待客の年齢層や土地柄を考慮する。

結婚式当日の親の服装は？

両家のバランスをとることが大切

両家が同じ格の服装にすること

両親の服装は、新郎新婦の格に揃えるのが基本です。父親は和装ならば紋付羽織袴、洋装ならば昼間はモーニング、夜はタキシードに。母親は和装ならば黒留袖、洋装ならば昼間はひざ下丈のフォーマルなセミロングドレス、夜はイブニングドレスとなります。

一般的に父親はモーニング、母親は黒留袖とするケースが多いようです。この場合、洋装と和装になってしまいますが、どちらも礼装なので格は同等となります。

両家の服装の格も同等にする必要があります。両家の両親はお客様を迎えたり、お見送りをする際に新郎新婦といっしょに並びます。そのときに、だれかひとりでも格が違っていると目立ちます。媒酌人を立てる際は、媒酌人と両家両親の服装の格も揃えるようにしましょう。

平服とした際は両親は略礼装に

カジュアルな披露パーティーや真夏の披露宴では、招待状に「平服で」と断り書きを入れるのが一般的です。その際は迎える側も略礼装にします。

父親はブラックスーツかダークスーツを、母親は和装ならば訪問着や色無地を、洋装ならばフォーマルなワンピースやスーツを選ぶとよいでしょう。

家族の服装

父親

和装…紋付羽織袴。黒羽二重地の紋服に染め抜きの五つ紋を付けたもの。袴は仙台平の縞柄が正式。
洋装…昼間ならばモーニングコートに、黒またはグレーの縞柄、格子のズボン。ネクタイはシルバーグレー、または白黒ストライプ。夜ならばタキシードで黒シルクの蝶ネクタイ。

母親

和装…五つ紋付の黒留袖。裾模様は松竹梅や鶴などおめでたい吉祥模様がベスト。金銀の祝扇子を持つ。
洋装…ロングドレス着用は17時以降の夜の披露宴のみ。昼間はひざ下丈のセミロングドレスに。一般の招待客と違って見えるよう、品格のあるドレスを選んで。アクセサリーはパールなど上品なものを。

兄弟

ブラックスーツが基本。年が若い場合はダークスーツでも。

姉妹

和装…既婚者は黒留袖または色留袖。未婚者は振袖または訪問着。
洋装…フォーマルドレスまたは上品なワンピースやスーツを。

Advice

母親は黒留袖を着るケースがほとんどです。そのため先方の親も当然、黒留袖を着てくるものだろうと思っているかもしれません。もし洋装にする場合は、ひと言相手側に断りを入れて、了解を得ておいたほうが無難です。

招待客を選ぶときは？

招待もれのないよう確認を

親戚関係については親からアドバイスを

招待客の人数は予算に合わせて絞ります。招きたい人を、①主賓、②職場関係、③友人関係、④親戚関係というようにグループに分け、そのなかで、必ず招きたい人、できれば招きたい人といったように優先順位をつけて決めていきます。職場関係や友人関係に関しては親のわからない範囲ですので、子どもにまかせてよいでしょう。

ただ親戚関係の招待客を選ぶ際は、親のアドバイスが必要です。３親等のおじ・おばまでを招待するのが一般的ですが、いっしょにいとこを呼んだほうがよいなど、これまでのつきあいもふまえ、子どもに伝えるようにします。

両家のバランスを考えた招待客選びを

一方が親戚中心、他方が友人中心というのでは、両家のバランスがとれません。もちろん親戚の多い少ないはあるので、まったく同じにするのは難しいかもしれませんが、親戚中心で招くのか、友人中心で招くのかという方向性は、両家で相談して決めておきましょう。

招待客の人数は両家が同数になるのがベストですが、それが難しい場合は、席次表から「新郎側」「新婦側」の表記をなくすといった対策を考えます。

主賓や遠方の人へは事前に連絡して確認を

主賓として招きたい人には、いきなり招待状を送るのではなく、事前に連絡をして出席をお願いするのがマナーです。その際、主賓として出席してほしい旨をはっきりと伝えます。主賓ともなれば、当然スピーチもお願いすることになるからです。

遠方の人を招くときも事前に連絡し、交通費や宿泊費を負担することを伝えて、そのうえで出席のお願いをしましょう。ただし親戚を遠方から招く場合の交通費などは、これまでの親戚づきあいのなかで慣例ができているでしょうから、親が判断して子どもたちにアドバイスするようにします。

ここがポイント！

- 両家の招待客がほぼ同数になるように調整する。
- 親戚関係中心にするか、友人中心にするかなど、両家で客層のバランスをとる。
- 招待したい人をリストアップし、優先順位をつけて選んでいく。親戚関係をどこまで招くかは、子どもにアドバイスを。

あいさつマナー

招待状の作成と発送

日時・場所は明確にし早めの通知を

招待状は挙式の2か月前に届くように

招待状は遅くとも結婚式の2か月前までには先方に届くように手配します。印刷期間や宛名書きの時間を考えると、3か月前には発注したほうがよいでしょう。

招待状の差出人は、両本人または両家の親の連名にします。かつては親の名前で送ることが多かったのですが、今は本人たちの名前で送るのが一般的です。また、子どもの名前で送る招待状に親からのあいさつ文を添えるケースもあります。どのような形にするかは、両家で意見統一をはかりましょう。

スピーチを頼む場合はそのお願い状も添えて

披露宴でスピーチや余興をお願いしたいと思っている人には、あらかじめ連絡をしてお願いし、確認しておきます。そのうえで、招待状にそれらをお願いする文面を添えるとていねいです。

◉親が差出人の招待状の文例

謹啓　早春の候　皆様にはますますご清祥
のこととお慶び申し上げます
さてこのたび　石田義明様ご夫妻のご媒酌
により
和夫　長男　和幸
一郎　長女　美沙
両名の婚約が相整い　結婚式を挙げること
になりました
つきましては　幾久しくご懇情を賜りたく
ご披露かたがた粗宴を差し上げたく存じます
ご多用中誠に恐れ入りますが　ご来臨賜り
ますよう　謹んでご案内申し上げます
謹白

記
日時　平成○年○月○日（日曜日）
午前十一時
場所　○○ホテル　○○の間
東京都文京区○○一—一—一
平成○年○月吉日
中村和夫
前田一郎
お手数ながら　ご都合のほどを○月○日
までに同封のはがきにてお知らせください
ますよう　お願い申し上げます

◉子どもが差出人の招待状の文例

謹啓　早春の候　皆様にはますますご清祥
のこととお慶び申し上げます
さてこのたび　石田義明様ご夫妻のご媒酌
により　私どもふたりは結婚式を挙げること
になりました
つきましては　ご披露かたがたささやかな
宴を催したく存じます
ご多用中誠に恐れ入りますが　ご出席賜り
ますよう　ご案内申し上げます
謹白

記
日時　平成○年○月○日（日曜日）
午前十一時
場所　○○ホテル　○○の間
東京都文京区○○一—一—一
平成○年○月吉日
中村和幸
前田美沙
お手数ながら　ご都合のほどを○月○日
までに同封のはがきにてお知らせください
ますよう　お願い申し上げます

ここがポイント！

◉招待状の文章は句読点を付けないのがきまり。子どもがオリジナルの文章を考えた場合でも同様。

◉封筒のなかには招待状、返信はがき、会場の案内図、スピーチや余興をお願いする場合はそのメッセージを同封する。

◉封字は「〆」ではなく、「寿」または寿をデザインしたシールで。

マナー

披露宴の席次の決め方

主賓から上座になるように

失礼のないよう席次は慎重に決める

招待客をどの席にするかは、とても重要な問題です。席次に失礼があると、せっかくの披露宴を楽しんでもらえなくなってしまうので、慎重に決定するようにしましょう。

友人や知人はあまりこだわらないでしょうが、とくに職場関係の招待客は上司、先輩、同僚の順に上座に。また取引先の人を招いた場合は自分の会社の人よりも上座に。ほかに恩師やお世話になった知人を招いた場合など、子どもには判断できないこともあるでしょう。親がそれぞれ関係を確認しつつ、しっかりとチェックし、決定するとよいでしょう。

和やかに歓談できる席づくりも大切

円テーブルを囲む際に、ひとりだけ知らない人のテーブルというのでは、なかなか会話もはずみにくいものです。また、くし形の席の配置のときは、披露宴の間、両隣の人としか話をすることができません。

招待客により楽しい時間を過ごしてもらえるよう、仲のよい人は隣同士に、職場関係や友人関係は同じテーブルに、初対面の人が多いなら年齢の近い人を隣合わせになど、できるだけ会話がはずむように工夫します。

また妊娠中の人や子ども連れの人（子どもを同伴するかは事前に確認を）を招く場合は、中座しやすいように入口に近い席にするなどの配慮も必要です。

席次を知っておく

【くし形】

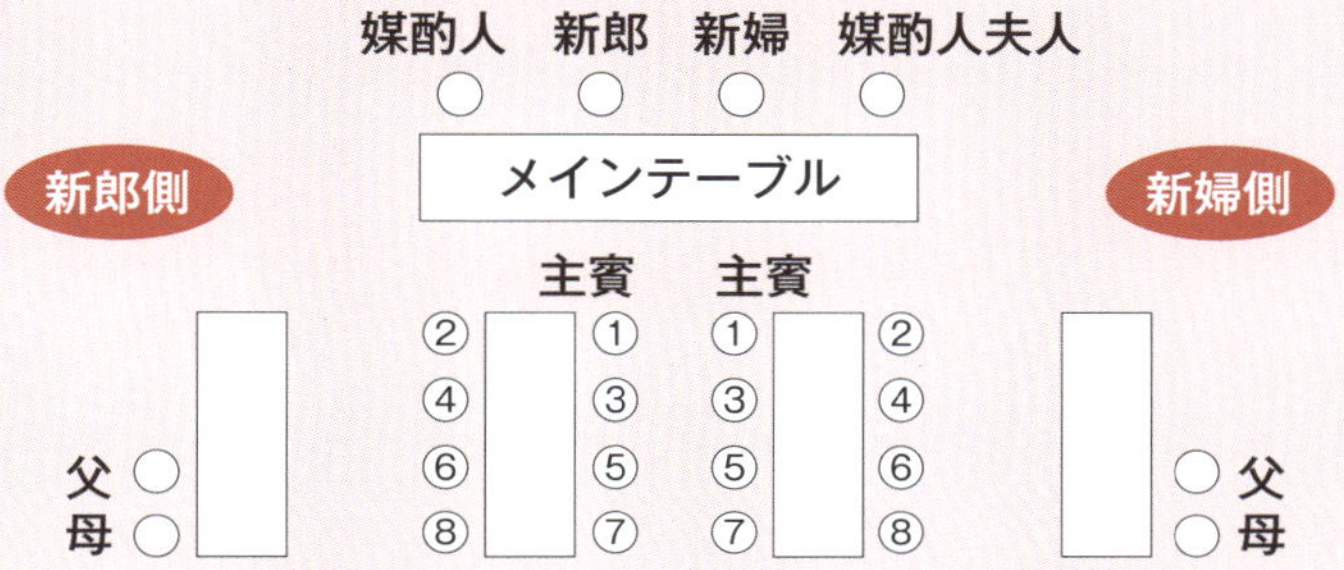

【ちらし形】

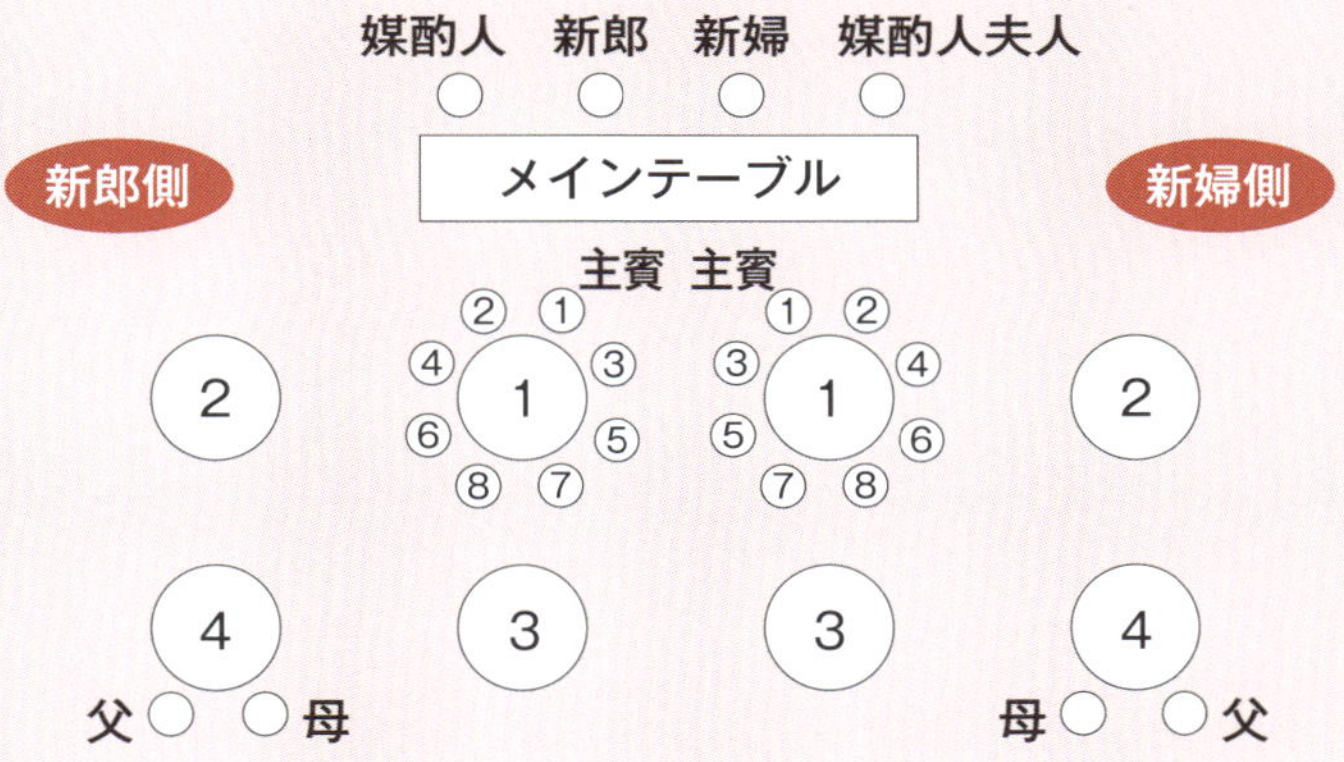

ここがポイント！

●メインテーブルに向かって左が新郎側、右が新婦側となる。

●新郎新婦にいちばん近い席が上座。上座から主賓、上司や恩師、同僚、友人、親族、家族の順に。両親はいちばん末席に。

●だいたいの席順を守りつつ、知ってる人同士を同じテーブルにしたり、隣同士にするなど微調整を。

あいさつマナー

お祝いに来てくれた人への応対とお返し

本人たちから必ずお礼を伝える

祝い客へはていねいなおもてなしを

結婚式の知らせを受けて、自宅までお祝いを届けてくださる人もいます。親の知人の訪問を受けたときも、親といっしょに子どもがきちんと応対してお礼を述べましょう。もし子どもが不在の際は、親が本人にかわってお祝いを受け取り、親の立場からお礼を伝え、後日子どもからお礼状もしくは電話で、改めてお礼をするようにします。

お祝いをいただいたら記録しておく

披露宴に招待している人でも、事前に自宅までお祝いを届けてくれる場合があります。また招待できない人がお祝いに来てくれることもあるでしょう。いつ訪問客があってもいいように、客間はきれいに片付けておきましょう。

お祝いをいただいたら、誰から何をいただいたのかがわかるように記録しておくようにしましょう。

訪問客をもてなす際は、緑茶は「お茶を濁す」といって、お祝いごとにはふさわしくない。桜湯か昆布茶でおもてなしを。お菓子も紅白饅頭や、鶴亀などをかたどったおめでたい干菓子を用意して。

こんなときどうする？ Q&A

Q 披露宴に招待しない人からお祝いをもらったら？

A 披露宴に招待している人には引き出物をお渡しするので、お祝いのお返しは必要ありませんが、披露宴を欠席した人や、招待しなかった人からお祝いをもらったら、挙式後1か月以内にいただいた金額の3分の1から半額程度の品を内祝として贈ります。引き出物と同じ品を贈ってもよいでしょう。内祝は持参してお祝いのお礼を伝えるのが本来ですが、配送してもかまいません。ただし配送する際は、ていねいなお礼状を添えて送るようにしましょう。

表書きは「内祝」または「結婚内祝」とし、紅白10本の結びきりの水引を。名前は本人たちの名の連名または新しい姓に。

内祝送り状の文例

拝啓　紅葉の便りが聞かれる頃となりました。

お元気でお過ごしのことと存じます。

　先日は、お心のこもったお祝いの品を頂戴し、誠にありがとうございました。いただいたワイングラスは、これから重ねていくふたりの記念日に使わせていただきます。まだまだ未熟な私どもではございますが、どうか今後ともよろしくお願い申し上げます。

　つきましては、ささやかですが内祝の品をお送りいたしました。どうぞお納めくださいませ。

　まずは取り急ぎ、お礼申し上げます。

敬具

Q 子どもとは面識のない親の知人からお祝いをもらったら？

A 親からお礼を伝えるのはもちろんですが、子どももていねいなお礼状を書き、きちんとお礼を伝えるようにします。本人たちの面識がない人へのお返しは、うっかり見落としてしまうこともあります。親もお祝いをいただいた人のリストを作っておいて、きちんとお礼やお返しがすんでいるかをチェックしましょう。

挙式前にトラブルが起きたら？

基本的な考え方は弔事優先

慶事と弔事が重なった場合は、弔事を優先するのが基本的な考え方です。招待状発送後でも、新郎または新婦の身内に不幸があり、四十九日が過ぎる前の挙式になる場合は、式を延期するのが普通です。できるだけ早く招待客をはじめとする関係者に延期を伝え、その後、もう一度スケジュールの調整をします。

しかし最近は、もう少し柔軟に考えるようになってきています。たとえば祖父母が亡くなった場合でも、孫の結婚式を楽しみにしていたから、予定通り式を挙げるほうがかえって供養になる、といった考え方も受け入れられるようになっています。

いずれにしても、式や披露宴は、両家が協力して行うものですから、一方の家だけで判断するのはやめましょう。必ず相手側にも事情を伝え、両家で話し合って決めることが大切です。

また、媒酌人の身内に不幸があった場合は、代理としてほかの方にお願いするのが一般的です。

事故などの場合はできるだけ予定通りに

会場へ向かう途中で家族が交通事故に巻き込まれたり、急に体調を崩したりして挙式に間に合わない場合は、式場に連絡し、できるだけ予定通りに挙式・披露宴を進めてもらいます。両親が遅れたり、欠席したりする形になってしまったときは「やむを得ない事情で」欠席する旨を司会者または媒酌人から招待客に伝えてもらい、後日両親本人からお詫びの手紙を出します。

4章

挙式と披露宴

式当日の親の役割

いよいよ迎える式当日は、りっぱに成長した子どもの姿に親として晴れがましい思いや喜びを感じ、また寂しい思いもする一日となります。ですが、そうした感慨にひたっていられる時間は多くはありません。新郎新婦の親として、来てくださったお客様をもてなすことに心をくだきましょう。

もてなす際に、何より大切なのは感謝の気持ちです。子どもたちが結婚にいたるまでには、ふたりを祝福してくれる多くの人の支えがあったはず。そのおかげで今日を迎えられたものと、つねに心にとめておきましょう。

もてなしをスムーズに行うためにも、会場の係の人たちへのあいさつは欠かせません。子どもたちが主体となり準備してきた式や披露宴であっても、もてなす側の親が、会場や進行について知らないままでいるわけにはいかないのです。その場その場で係員の誘導があるので心配はありませんが、段取りの説明や最終確認はきちんと聞いておきます。

式前、そして披露宴前には新郎新婦にかわり、控え室でお客様を迎えます。これは当日、親の重要な役割となるもの。今までお世話になったこと、また当日祝福にかけつけてくださったことに対し心から感謝し、今後もふたりを見守ってほしいという気持ちを伝えましょう。披露宴終了後も、媒酌人やお客様へのあいさつやお見送り、会場へのあいさつなど、最後までもてなす側の気持ちを忘れずに過ごしてください。

また親としては、子どもたちにも感謝の気持ち、もてなす気持ちを持たせることが重要です。ともすれば友人と盛り上がりがちになるふたりを抑え、来てくださったお客様全員が楽しく過ごせる心配りをしたいものです。

しかし当日になって、急にしゃしゃり出るわけにはいきません。それには当日までに、媒酌人、主賓、来賓への接し方などについて自分たちはこのように思っている、あるいはこうするのが本来ではないか、といったことをよく話し、互いに納得できる形を見つけておくことが必要です。相手方との役割分担も考えておくべきでしょう。

そして当日には、花婿花嫁を中心とし相手方の両親ともうまく連携をとって、お客様に対し、感謝を込めた最高のおもてなしができるようにつとめましょう。

式前日までにしておきたいこととは？

手配・準備の確認と、家族の絆を深めること

招待客について知っておく

手配や準備は余裕を持ち早めにしておくことが大切です。何が必要かは子どもたちと一緒にリストアップし、それぞれが準備・確認することを把握しておきましょう。

親がもっとも注意し、確認しておかなければならないのは、招待客のことです。当日は、親としてお越しいただいた方々にごあいさつをしなければなりません。子どもたちから、一人ひとりの肩書きや名前、本人たちとの関係、お世話になったことなどをしっかり聞き、メモに取って頭に入れておいてください。

たとえ初対面であっても、ごあいさつできるよう、顔だちや雰囲気などを聞いておくことも必要です。席次表をあらかじめ入手し、利用するのもよいでしょう。

怠りがちなのが、親族の名前の確認です。たとえ身内であっても、当日は緊張して名前が出てこないこともあります。関係や名前の読みなどを改めて確認し、必要ならばメモしておくと安心です。

家族の絆を深めておくことも大切

式が近づくにつれ慌ただしくなり、落ち着いて話をすることもできなくなります。そうなる前に、家族みずいらずでゆっくり楽しめる旅行を計画するのもおすすめです。新たに家庭を築く子どもに、言葉をかけるよいきっかけともなるでしょう。

また、家族のあり方を教えるということでは、祖先に結婚の報告をする墓参りをすすめることも親の役割。できればいっしょにお参りし、その方法などを改めて伝えます。

前日は最終確認をし早めに休む

媒酌人や世話人、親戚など、とくにお世話になる相手には、式の前日に子どもとともに電話をし、あいさつをしておくとていねいです。その際お迎えの車や、着付けなどの手配、時間について、もう一度確認しておきます。

そして、気ぜわしく落ち着かないかもしれませんが、できれば前日の夜は家族揃って食事をし、団らんを楽しみましょう。持ち物などの最終チェックがすんだら、翌日に備え早めに休むようにします。

CHECK 親が確認、準備しておくこと

❶招待客について

- □ 肩書き、名前　□ 本人たちとの関係
- □ お世話になった具体的な事柄
- □ 顔だちや雰囲気

❷当日の手配に関して

- □ 送迎の車　□ 貸し衣裳、着付け
- □ 親族などの宿泊

❸持ち物

- □ 祝儀袋とお金（お車代、媒酌人・世話役へのお礼、心づけ用）
- □ 謝辞の原稿　□ 進行表、席次表
- □ 結婚指輪（子どもに確認）

❹自分たちの衣装（本人の兄弟姉妹の分も）

- □ 汚れやほころびがないか　□ かばん
- □ アクセサリー、ハンカチなどの小物
- □ 靴・草履（磨いておく）

しきたりマナー

心づけ・お車代の用意

渡す相手と金額をリストにまとめて

会場の各係それぞれに心づけを準備

結婚式当日は、会場係など、当日お世話になる人に心づけ（御祝儀）を渡すのが一般的です。子どもたちを通し相手方の両親とも相談して、お世話になる人たちをリストアップし、それぞれに渡す金額まで書き込んだリストをつくりましょう。祝儀袋やお札は、前日までに用意しておきます。

CHECK 心づけを用意する相手

- □ 司会者
- □ カメラマン
- □ 美容着付け係
- □ タクシー運転手
- □ ピアノなどの奏者
- □ 会場係
- □ 花嫁介添え人

など

※会場係、美容係などの責任者への心づけは少し高めに

友人へのお礼は子どもと相談して

受付など、子どもたちが依頼した世話役の友人へのお礼は、子どもと相談して決めます。子どもが不要と言ったら現金の準備は必要ありませんが、その場合はせめて口頭で感謝の気持ちを伝えるようにします。

媒酌人、主賓、遠方からの来賓にはお車代を

媒酌人や主賓には、当日送迎の車を用意するか、交通費としてお車代を用意するのがマナーです。遠方からわざわざ来てくださる来賓にも用意し、受付の際に渡してもらうよう、受付係にお願いしておくとよいでしょう。媒酌人、主賓には、お見送りのときにお礼を述べつつ直接渡すとていねいです。

祝儀袋と表書き

- 水引きは結びきりのものを使用する。
- 中に入れるお札は新札を準備する。
- 当日足りなくなって慌てないように、心づけは多めに準備しておく。
- 連名のものは両家で重複して渡すことのないよう、あらかじめ打合せを。

各係への心づけ

- 責任者は5,000円、他は1,000～3,000円程度
- 表書きは「寿」か「御祝儀」
- 両家連名で渡すが、介添え人など個別にお世話になる係にはそれぞれの姓で

友人へのお礼

- 受付は3,000～5,000円、カメラ係は5,000～1万円程度
- 表書きは「寿」か「御礼」
- 両家連名で

お車代

- 1～2万円程度
- 表書きは「御車代」
- 媒酌人には両家連名、主賓、来賓にはそれぞれの側の姓で

当日、式場に到着したら?

控え室で招待客の接待を

式場に早めに着くよう余裕を持って家を出る

当日は早く起きてもう一度持ち物の確認をし、身支度をきちんと整えて出かけます。晴の日を迎える子どもに対して、何かはなむけの言葉をかけるのもよいでしょう。子どもが改まったあいさつをしてきたら、照れてはぐらかしたりせず、きちんと聞くことが大切です。

家を出る時間にも余裕を持ちましょう。式場に早めに着くようにして、媒酌人、結婚式への参列をお願いした親族や来賓を迎えます。遅刻は禁物。式場までかかる時間は、あらかじめ確認しておきます。

控え室に入ったら、動き回らない

式場に到着したら、まずお世話になる会場係や美容係、介添え人などにあいさつをします。進行や会場のことで聞いておきたいことがあれば確認し、式次第などの説明があればしっかり聞きましょう。ただ、気を回し過ぎて、あれこれ新たな意見を出すのは混乱のもと。進行はプロにまかせておくのがいちばんです。

受付やトイレなどの位置は、来賓に聞かれても困らないよう確認しておきましょう。でも会場内をうろうろと歩き回っていてはいけません。両親の居場所がわからなくなっては進行の妨げにもなりますので、用事があれば会場係に頼みます。

控え室をなごやかにする気配りを

式までは控え室で到着する親族や来賓を迎えますが、媒酌人が到着したことがわかったら控え室から出て迎え、ていねいにあいさつをしましょう。

控え室では、それぞれにあいさつするだけでなく、媒酌人を親族に紹介するなど、面識のない者同士を紹介するといった気配りをし、室内がなごやかな雰囲気になるようにつとめます。両親が誰かと話し込んでしまうのはいただけません。

椅子や桜湯をすすめることも必要です。新郎新婦の兄弟姉妹がいる場合は、接待を手伝うようあらかじめ伝えておくとよいでしょう。

ここがポイント！

- ●両親の居場所がはっきりせず、連絡がとれないと進行にも影響が。控え室から移動するときは誰かに声をかけて。
- ●進行のことが気になっても、あれこれ口を出したり、自分だけの判断で勝手な変更をしたりしない。
- ●控え室では一部の人と長話することのないよう慎み、椅子をすすめたり、桜湯が足りているか確認したり、すべての人に気配りを。

あいさつマナー

式前のあいさつ
こちらから、心を込めたあいさつを

皆が気持ちよくスタートできるように

当日は、係の人たちへのあいさつから始まります。一日お世話になる人たちに少しでも気持ちよく仕事をしてもらえるよう、きちんと名乗り、あいさつをしておきましょう。

式に参列する親族にも、こちらからあいさつし迎えるのがマナーです。面識のない方に参列をお願いした場合でも、名前を頭に入れておき、できるだけこちらからあいさつを。

紹介のルール

面識のない者同士を、間にたって紹介する場合には、その順番にルールがあります。

●身内と他人
まず身内を他人に紹介し、他人を身内に紹介する。

●目上と目下
まず目下を目上に紹介し、目上を目下に紹介する。

●親族と媒酌人
まず親族を媒酌人に紹介し、媒酌人を親族に紹介する。

●男性と女性
まず男性を女性に紹介し、女性を男性に紹介する。
※男性があきらかに目上の場合は、女性を先に。

●ひとりとグループ
まずひとりをグループに紹介し、グループの人たちをひとりに紹介する。

●何人もいる場合
すぐ近くにいる人から順番に紹介する。

あいさつの言葉例

■媒酌人へ

「本日は、お忙しいところお受けいただき、ありがとうございます。どうぞよろしくお願いいたします」

「本日はありがとうございます。何かとお世話になることと思いますが、どうぞよろしくお願いいたします」

■親族、来賓へ

「ごぶさたしておりました。本日は遠いところをありがとうございます。よろしくお願いします」

「お元気そうで何よりです。おかげさまでやっとこの日を迎えることができました。ありがとうございます」

「○○の父でございます。いつも息子がお世話になり、また、本日は早くからお越しいただいてありがとうございます」

■係の人へ

「○○でございます。本日はお世話になります。どうぞよろしくお願いいたします」

ポイント

- ●心づけは、事前に渡したからといってサービスが変わるわけではないと言われますが、お開き後はお客様のお見送りなどで、なかなかあいさつをするゆとりもありません。はじめにあいさつするときに渡すのがスマートでしょう。
- ●何人かのスタッフがいる場合、その責任者にあいさつし、心づけもまとめて渡すようにします。

■相手方の両親や親族へ

「本日はよろしくお願いいたします。これから末永くおつきあいください」

「○○の母でございます。本日はありがとうございます。幾久しくよろしくお願い申し上げます」

あいさつマナー

親族紹介と写真撮影
係の指示に従ってスムーズに

親族の関係や名前はきちんと確認しておく

挙式のあとには、その場あるいは控え室に戻って、新郎新婦それぞれの親族紹介が行われます。本来は媒酌人が紹介をするしきたりですが、当日だけの媒酌人では親族をそれほど知らないため、両家の父親が紹介することがほとんどです。

当日になって、名前が出てこなくて困ったなどということのないよう、メモなどを準備しておきましょう。

写真撮影では臨機応変さが大切

親族の記念写真は、スピーディーに撮ることが求められます。血縁が深いものからといいますが、年輩の方が高い段にのぼらずにすむようにするなど、状況に応じて並びます。場所を譲り合っていつまでも決まらないのが、いちばん困ること。両親の座る席は決まっていますが、あまり呑気に構えていないで、カメラマン、係に協力しましょう。

親族紹介の手順

■媒酌人か係のあいさつ

「本日は式もとどこおりなくすみまして、おめでとうございます。これより、御両家の方々のご紹介をお願いいたします」

↓

■新郎の父親の親族紹介

「それでは、わたくしどもの親族を紹介させていただきます。私は新郎の父親の××○○でございます。となりは新郎の母親の△△です。よろしくお願いいたします。△△のとなりは新郎の妹の◇◇です。そのとなりは……以上でございま

記念写真の並び方

カメラに向かって右側が新郎側

カメラに向かって左側が新婦側

祖父母、兄弟などの家族 ｜ 両親 ｜ 媒酌人 ｜ 新郎新婦 ｜ 媒酌人夫人 ｜ 両親 ｜ 祖父母、兄弟などの家族

す。末永いおつきあいをどうぞよろしくお願いいたします」

ポイント

- ●自分のとなりから順に紹介していくため、新郎に関係の近い順、年齢順など、わかりやすいように並んでおく。
- ●新郎との続柄と名前を紹介。身内なので敬称は付けない。
- ●紹介された人は一礼したり、「よろしくお願いいたします」などとあいさつするとよい。
- ●父親が紹介をせずに、それぞれ自己紹介をしてもよい。
- ●結びのあいさつのときは、全員で礼をするとよい。

■新婦の父親の親族紹介

新郎側と同様にひとりずつ順に紹介していく。

■媒酌人か係のあいさつ

「それでは、御両家の皆様幾久しくよろしくお願い申し上げます」

披露宴での親の役割は?

すべてのお客様に感謝を込めたもてなしを

そわそわせず、笑顔とゆったりとした態度で

挙式という大きなセレモニーがすむと、ほっとして気もゆるみます。でも、お客様のもてなしは披露宴が本番。新郎新婦を祝福してくれる大勢のお客様がやってきます。両親も祝福を受ける立場ですが、あくまでもてなす側として、感謝の気持ちを持って迎え、お見送りのときまで心を配りましょう。

とはいっても自宅でお客様を迎えるわけではないので、実際のサービスは会場の係がしてくれます。仕事を探してそわそわ動き回ったりせず、常に笑顔でゆったりとお客様に接します。主役である新郎新婦の両親として、風格も必要です。

控え室にはできるだけ早く移動する

挙式のあとの親族紹介や記念撮影がすんだら、いつまでも親族と話していたり新郎新婦に付いていたりしないで、できるだけ早く来賓の控え室に移動しましょう。そして、次々にいらっしゃるお客様をお迎えします。

披露宴会場に入場する際、改めてお迎えしますが、控え室でまず1回目のあいさつをすませておくのがよいでしょう。あいさつは、両親揃ってするのがていねい。できるだけふたりで行動するようにし、どちらかがどこへ行ったかわからない、などということのないようにします。

最後まで態度をくずさない

披露宴は宴席ですから、お酒も出ます。楽しく杯を酌み交わし、ふたりを祝福したいものですが、飲み過ぎてしまわないよう注意しなければなりません。披露宴前の控え室でも、カクテルなどが用意されている場合があります。披露宴前から赤い顔というのは避けたいものです。

　また、感激し泣けてしまうようなシーンで感情を大きく出してしまうのも、もてなす側としてはあまりよいことではありません。披露宴を盛り上げることは大切ですが、自分たちだけが盛り上がってはいけないのです。つとめて冷静に、涙をぬぐうくらいにとどめたいものです。

ここがポイント！

- 新郎新婦の両親らしく、笑顔を絶やさず、ゆったりとした態度でお客様に接する。
- 夫婦ふたり揃って行動する。
- 早く控え室に移動し、控え室で1回目のあいさつをすませる。
- アルコールの飲み過ぎや、感情の出し過ぎに注意する。

あいさつマナー

披露宴前のあいさつ
一人ひとりに声をかける

親であることをきちんと伝え、あいさつを

披露宴の控え室となると面識のない来賓が多くなりますが、まず「○○の父親（母親）でございます」と名乗り、声をかけることが大切です。

名乗ることを忘れてしまうと、親として述べる感謝の言葉が相手に伝わりづらくなってしまいます。また、こちらから名乗ると相手も自然に名乗ってくれるので、名前を尋ねる失礼をしなくてすむでしょう。そのあとは、子どもを通して確認しておいた招待客のプロフィールを思い出しながら、落ち着いて応対します。

Advice

主賓にはあいさつを欠かさない

主賓など、大変お世話になっている来賓には、あいさつを欠かせません。到着したら知らせてもらうように、あらかじめ名前などを受付に伝えて頼んでおくと、うっかりあいさつをしそこなうといったことがなく安心です。

新郎新婦にも主賓や来賓にあいさつするよう引き合わせたり、声をかけるようにするとよいでしょう。

あいさつの言葉例

■**名乗り**

「新郎○○の父親でございます」

「○○の親でございます」

■**列席と祝福への感謝**

「本日はお忙しいところ足をお運びいただき、ありがとうございます」

「本日はご列席賜りまして、ありがとうございます」

「本日は△△先生にお越しいただけるということで、○○も大変喜んでおります。ありがとうございます」

■**スピーチ、余興をお願いしている人へ、改めてのお願い**

「本日は主賓をお受けいただいて、とてもうれしく思っております。恐縮ですがよろしくお願いいたします」

「本日はごあいさつをお願いし、お引き受けいただいてありがとうございます。よろしくお願いいたします」

「今日は歌を歌ってくださると聞いています。準備でもお世話になって、ありがとうございます。よろしくお願いします」

■**今までお世話になってきたことへの感謝**

「息子が大変お世話になっております」

「○○から大変お世話になっていると聞いております」

「公私にわたり、いつもよくしていただいて、一度ごあいさつしたいと思っていました」

「ずっとよいおつきあいをしてもらって、○○も幸せです」

■**今後の指導、つきあいのお願い**

「今後ともご指導よろしくお願いいたします」

「やっと家庭を持ちますが、まだまだ半人前ですので、これからもよろしくお願いいたします」

「これからも今まで通り、よいおつきあいをお願いします」

しきたりマナー

披露宴の流れ
祝辞はしっかり聞き、一礼で謝意をしめす

気を配りながらも披露宴を楽しんで

披露宴の最中は、親も楽しむ気持ちで、流れに逆らわないようにすることが大切です。周囲に気を遣い過ぎていると、逆に祝辞をしっかり聞けなくなったりするもの。祝辞や余興の最中は、そちらに集中することがマナーです。

そして、祝辞や余興が終わったときには、両親は拍手ではなく、一礼をして感謝の気持ちをあらわします。

一般的な披露宴の流れと心得

■来賓入場・新郎新婦入場

新郎新婦の両側に媒酌人、その横にそれぞれの両親が並び、来賓ひとりずつに会釈をしながら入口でお迎えする。新郎新婦が最後に入場し、司会者が開宴を告げる。

■媒酌人のあいさつ

媒酌人が挙式の報告、新郎新婦の紹介を行う。媒酌人を立てない場合は、司会者か新郎新婦が自分たちで行う。

両親、新郎新婦は、媒酌人が立ち上がったらいっしょに起立をして聞き、あいさつが終わったら一礼をしてから着席する。

■主賓祝辞

両家それぞれの主賓があいさつする。

両親、新郎新婦、媒酌人は、主賓が立ち上がったら、いっしょに起立してあいさつを聞く。着席を促されたら座ってもかまわない。あいさつが終わったらていねいに一礼を。

■ケーキ入刀・乾杯

新郎新婦がケーキに入刀する。乾杯の音頭で一同乾杯をする。

祝辞のお礼のあいさつにうかがう

主賓など、祝辞をいただいた来賓に対しては、両親揃って席まであいさつにうかがい、それぞれがひと言ずつ感謝の言葉を述べます。会場の雰囲気にもよりますが、父親がお酌をするのもよいでしょう。

うかがうタイミングには気をつけて。スピーチや余興が行われているときに立ち回るのは厳禁です。

ケーキ入刀と乾杯が逆になる場合も。ここまでがセレモニー。

■食事・歓談

■新郎新婦お色直し

お色直しのため、先に新婦が中座、そのあと新郎も中座する。その間にプロフィールビデオの上映などが行われる。

■新郎新婦入場

新郎新婦が再び入場。キャンドルサービスなどのテーブルサービスをして各テーブルを回り、席に戻る。

■祝辞・余興

両家それぞれの来賓による祝辞や余興が行われる。

食事をしながら聞いてもかまわないが、終わったあとの礼はしっかりと感謝を込めて。

■両親への花束贈呈

新郎新婦から両親に花束が渡される。その前に花嫁から両親に向けた手紙が披露されることも。

指定の場所に立って、花束を受け取る。身内でのやり取りなので、あまり大げさにしないほうがよい。

■謝辞

両家の代表が来賓に感謝の言葉を述べる（→5章）。

■お開き・退場

司会者がお開きを告げ、列席者が退場する。

入場のときのように出口に並び、お見送りをする。一人ひとりに簡単に感謝のあいさつを。

マナー

食事のマナー①

洋食は音を立てない、皿を持たない

無理をしないでお箸をもらってもよい

披露宴では洋食のコース料理が出されることが多いものですが、ナイフとフォークを使って食事というと、身構えてしまいがちです。どうしても食べづらければ、会場の係に頼み、箸を持ってきてもらってもよいでしょう。

年輩の来賓にも箸を用意したほうがいいかどうか、気を配るようにします。

洋食のマナーのポイント

細かいマナーはいろいろあっても、大きな点はこのふたつです。

●音を立てない

洋食では音を立てないことがマナーの基本。ズルズルとすする音やクチャクチャと噛む音はもちろん、ナイフ、フォークと皿がカチャカチャとあたる音も×。

●皿を持たない、動かさない

和食は器を持って食べますが、洋食で持っていいのは飲み物のグラスとカップくらい。皿を持ち上げることや、動かすことはマナー違反になるので注意して。食べ終わったからといって、皿を横にどけないように。

ナイフ、フォークの使い方

●セッティングされているナイフ、フォークは外側から使う

皿の左右に並べられているナイフ、フォークは、外側から順に使っていく。間違えても、足りなくなれば係がまた用意してくれる。グラスも端から並べられているが、係が使う順に注ぐので心配しなくてよい。

●ナイフを右手、フォークを左手に

左手のフォークで料理を押さえ、右手のナイフで切る。ナイフで料理を刺して、口に運ぶのは厳禁。食べづらければフォークを右手に持ちかえてもかまわない。

●食事中はハの字に、食べ終わったら斜めに揃える

食べかけのときに、いったんナイフとフォークをおく場合はハの字のようにしておくと、皿をさげられない。斜めに揃えておくと、料理が残っていてもさげてOKのサインとなる。

基本のコース

- ■前菜
- ■スープ
  音を立てないように注意。
- ■パン
  パンはひと口ずつちぎって食べる。バターもそのつど付ける。
- ■魚料理
  披露宴では海老が出されることが多い。殻から身を取り出してから、ひと口大に切ると食べやすい。
- ■肉料理
  左側からひと口ずつ切って食べる。
- ■デザート

ナプキンの使い方

●料理が運ばれてきたら広げて膝の上におく

ナプキンは二つ折りにして膝の上に。折った輪が手前にくるようにする。和服のときはナプキンの角を帯にはさんでもよい。

●口元や指先をぬぐう

口元や指先が汚れたらこまめにナプキンでぬぐう。自分のハンカチを使うのはマナー違反。

●中座するときは椅子に

食事の途中で席を立つときは、軽くたたんで椅子におくか、背もたれにかける。

マナー

食事のマナー②
和食は箸の扱い方が大切

箸使いのマナーを守り上品に

普段食べ慣れている和食とはいえ、披露宴のような席では、いつも気にしないようなマナーも心にとめて食事をしましょう。

とくに箸の使い方は大切です。箸の使い方で、食べ方がきれいにも乱暴にも見えます。いったん箸をおくことの多い披露宴では、きちんと箸おきを使い、お皿に箸を渡さないといったことから気をつけましょう。

注意したいしぐさ

●手を受け皿のように使う

料理に左手を皿のように添えて口まで運ぶ「手皿」は、実は間違った作法。汁が気になるなら、小鉢や小皿を持つようにするとよい。

●背中を丸めて食べる

器を持ち上げず、背中を丸めてテーブルの器に口を近づけて食べる「犬食い」と言われる食べ方は、見苦しいもの。姿勢は正しく。

忌み箸

**忌み箸とは、こう使ってはいけないという箸の扱い方。
代表的なものは下の通りです。**

●刺し箸
箸で食べ物を刺して口に運ぶ

●涙箸
食べ物の汁をたらしながら口に運ぶ

●空箸
一度箸をつけたのに、また戻す

●探り箸
箸で器の中身をかき回し探る

●指し箸
箸で人やものを指す

●なぶり箸
箸の先をなめる

●こめ箸
いっぱいに料理をほおばり、箸で押し込む

●寄せ箸
箸で器を手前に寄せる

●渡し箸
器に箸を渡しておく

基本のコース

■先付(突き出し、お通し)
串に刺さったものは、そのまま口に運ばず、箸で串からはずして。

■吸い物

■刺身(お造り)
きれいな盛り付けをくずさないように手前や上から順に食べていく。

■煮物(炊き合わせ)
煮汁は飲んでもかまわない。

■焼き物
尾頭付きの魚は上の身を食べ終わったら、中骨をはずして下の身を食べる。魚を裏返さないこと。骨は見苦しくないよう、まとめておく。

■揚げ物

■蒸し物

■酢の物

■ご飯、止め椀、香の物

■水菓子

器の扱い方

●小ぶりの器は手に持って
和食では、茶碗、小鉢など小ぶりの器は胸元まで持ち上げて食べる。刺身のしょうゆ皿も持ち上げてよい。料理に汁のない平皿や大皿は持ち上げない。器を持つとき、おくときは両手を使う。

●蓋は返して横に置く
器の蓋は裏返して横におく。いくつもの蓋を重ねるのはマナー違反。食べ終わったらもとのように蓋をしておく。

●食べ終わった器を重ねない
家では、片付けやすいように食べ終わった器を重ねたりするが、披露宴など、外での食事の際はしないのがマナー。

マナー

食事のマナー③

細かい決まりの少ない中華料理

取り皿を持たないよう気をつけて

大皿の料理を取り分け、なごやかに食事を楽しむ中華料理。あまり細かいマナーはありません。ただ、器は持ち上げないのが基本。和食の感覚で、取り皿などを持って食べてしまいがちなので気をつけましょう。持ち上げてよいのは、グラスとご飯茶碗だけです。取り皿に料理を取るときも、テーブルにおいたままで料理を取るのがマナーです。

取り皿は料理ごとに取り替えて

同じ取り皿をずっと使っていると、せっかくの料理の味がみんな混ざってしまいます。何枚も汚してはと思い遠慮しがちですが、中華料理では取り皿を料理ごとに取り替えて使うのが基本です。

使い終わった取り皿は、横においておけば係がさげてくれます。邪魔だからといって、回転卓の上にのせるのはマナー違反です。

円卓でのマナー

中華料理でもひとり分ずつ料理が運ばれてくることもありますが、円卓で回転卓にのった大皿の料理を取り分けて食べるのは、中華料理独特の楽しみ方。円卓での決まりやマナーを知っておきましょう。

●回転卓は時計回りに回す

回転卓は時計回りに回すのが基本。料理が一巡したあと、少し左に戻すくらいはかまわないが、右に左にと回す方向を変えるのはよくない。

●料理は自分の分だけ取る

料理はテーブルの上座の人から順に取っていく。自分の前に料理がきたら取り皿を回転卓の近くにおいて食べられる分だけ取る。隣の人の分まで取ってあげるのはマナー違反。

●同じテーブルの人が全員料理を取り終わってから食べ始める

ひとつの料理がテーブルを一巡し、その料理を全員が取り終わってから箸を付けるのがマナー。

●取り箸はきちんともとに戻す

取り箸やサーバーは料理といっしょに回転卓で回す。そのとき回転卓から箸やサーバーの先が出ていると、飲み物のビンやグラスにぶつかるなどして危険。きちんともとの通りにおいて。

基本のコース

■前菜
冷たいものと温かいものがいっしょに出ることがあるが、冷たいものから食べる。

■スープ
器を持ち上げないように、レンゲですくって飲む。大きい具は箸を使ってもよい。

■主菜

■ご飯か麺類
汁のある麺を食べるときは、左手にレンゲを持ち受け皿のように使う。ズルズルすすらないように。

■点心(デザート)
お饅頭などが出たら、かぶりつかず、少しずつちぎって食べる。

Advice

フィンガーボールに注意

中華料理では、フィンガーボールが出ることも。洋食と同様、指が汚れたら片手ずつ指先を入れて洗い、洗った指先はナプキンでふきます。両手を同時に入れないように注意して。また、フィンガーボールにウーロン茶などの中国茶が入ってくる場合があるので、飲むためのお茶と間違えないようにしましょう。

披露宴後に行うことは？

もれのないように、あいさつや片付けを

来賓一人ひとりに気持ちよく帰ってもらう

披露宴も無事にお開きになると、お酒も入っているせいもあり、だいぶ緊張感もなくなってきます。しかし披露宴のお見送りは大切な務め。お客様一人ひとりに、きちんとお礼の言葉を述べましょう。うっかり親しい人と話し込んでしまうのは、ほかのお客様には不快感を与えます。また、そこであいさつをすませたからといって、その後まだ会場内にいるお客様に対し知らんぷりでは、それまでのおもてなしが台無し。お客様が会場をあとにするまでにこやかに感謝の気持ちで接しましょう。

媒酌人はタクシーまでお見送りを

媒酌人にはきちんとしたあいさつが必要です。長時間の緊張でお疲れのはずなので、立ったままの慌ただしいあいさつとならないよう、別室やラウンジなどでひと息ついてもらう配慮を。ただし、あまり無理を言って引き止めるのはやめます。

お帰りにはタクシーなどを手配しておき、両親、本人揃って乗り場までお見送りを。主賓にも車を手配し、お送りするとていねいです。

車が見えなくなるくらいまで見送るのが礼儀。

会場の関係者や係を頼んだ人にお礼を

会場係や司会、美容師など、お世話になった関係者にはひと声お礼の言葉をかけましょう。式が始まる前に心づけを渡せていない人がいたら、忘れずに渡すようにします。

受付などの世話役をお願いした子どもの友人たちにも、感謝の言葉をかけます。司会や写真係をお願いしていた場合、披露宴であまり食事ができなかったかもしれません。子どもたちとも相談し「お食事料」として心づけや、飲み物、軽食などを用意しておいてもよいでしょう。

CHECK 帰るまでに行うこと

●あいさつとお見送り

- □ 媒酌人
- □ 主賓
- □ 来賓

●費用の清算

- □ 会場への支払い
- □ 相手方との清算

●受け取り

- □ ご祝儀
- □ 芳名帳
- □ 電報

●ねぎらいとお礼

- □ 会場の係
- □ 受付など世話役
- □ 相手方家族

●片付けと忘れ物チェック

- □ 自分たちの荷物
- □ 子どもたちの荷物
- □ 控え室
- □ クローク

清算などのあと始末をしっかりと務める

子どもたちがそのまま二次会に移動する場合など、会場費用の清算といったあと始末を親がまかされることが多くあります。

両家で費用を分担する場合、会場への支払いはどちらかが立て替えてすまし、相手方との清算は後日にすると落ち着いてできます。当日を逃すとやり取りが難しいのなら、会場への支払いのあと両家で清算を。あらかじめ、どうするか決めておくとよいでしょう。

来賓からのご祝儀や芳名帳、電報などは両家がそれぞれ受け取り、持ち帰ります。控え室やクロークなどを確認し、忘れ物のないように。

あいさつマナー

披露宴後のあいさつ

会場を出るまで気を抜かず応対を

披露宴での祝辞や余興には忘れずに感謝

媒酌人や主賓、会場係、世話役にと、披露宴後も多くのあいさつが必要です。無事にすんだことへの感謝を込めてあいさつをしましょう。

祝辞や余興をお願いした人には、そのことについての感謝もひと言加えます。祝辞や余興には、それなりの準備が必要です。それに感謝するためにも、披露宴の席ではしっかりと聞いておくことが大切です。

媒酌人へのあいさつは式の翌日に改めて

媒酌人へ正式にお礼をする場合、式の翌日に改めて両親揃ってあいさつにうかがうのが本来です。本人たちも新婚旅行後、おみやげを持ってお礼にうかがうようにさせます（↓P148）。

ただ、最近は忙しい方が多く、改めて時間を取っていただくのはかえって迷惑になることも。そのようなときは、披露宴後に両親と本人たちが揃ってあいさつするようにしましょう。落ち着ける部屋を確保しておき、ていねいにお礼をします。

あいさつの言葉例

■祝辞をくれた人、余興をしてくれた人へ

「心あたたまる祝辞を頂戴し、感激しました。ふたりも折にふれ思い出すと思います」

「楽しい歌で盛り上がりました。準備も大変だったでしょう。ほんとうにありがとうございました」

■会場の係へ

「今日はお世話になりました。おかげさまで無事にお開きとなりました。ありがとうございました」

■世話役（受付、司会など）へ

「今日は朝早くからありがとうございました。おかげさまで無事にすみました。今後ともおつきあいよろしくお願いします」

「今日は一日ありがとうございました。おかげさまでよい披露宴になりほっとしています。面倒なお願いをして、ゆっくりお食事もできなかったのではないでしょうか。よかったら、飲み物でもいかがですか」

「今日はすばらしい司会をありがとうございました。お食事もままならなかったのではないでしょうか。ほんの気持ちです。これで何か召し上がっていってください（「お食事料」を渡す）」

■媒酌人へ

【お礼と部屋への案内】

「本日は誠にありがとうございました。おかげさまで滞りなく執り行うことができました。どうぞあちらでお茶でも召し上がってください」

【改めてお礼にいく場合】

「また、改めてお礼にうかがわせていただきます」

【その場でお礼を渡す場合】

「本来ならば日を改めてお礼にうかがうべきなのですが、お忙しいとうかがっておりますので、こちらで失礼させていただきます。私どもの感謝の気持ちです。どうぞお納めください」

私どもの感謝の気持ちです
どうぞお納めください

結婚パーティーに参加するときは？

ともに楽しむ気持ちと感謝の気持ちで

本人たちのやり方を尊重して

おもに友人を招待する場合、格式にのっとった披露宴ではなく、新郎新婦とその友人たちが中心となり、カジュアルな結婚披露のパーティーを企画するケースもあります。招かれたら、喜んで出席しましょう。

そのようなパーティーには決まりがなく、若い人たちが楽しめる内容となっているでしょう。そこはもう口を出さず、よい思い出として残るよう応援してあげてください。

親族も招待する場合は助言も必要

友人とのカジュアルなパーティーを行う場合は、それとは別に、親族との顔合わせを兼ねた披露宴を開くことが多いようです。もし披露宴をせずに、親族も友人とのパーティーに招待するのであれば、親としておもてなしをきちんとし、親族がパーティーの蚊屋の外といったことにならないような助言が必要です。

参加者たちに感謝の気持ちを忘れない

若い人の企画のすべてが納得し楽しめるものではないかもしれませんが、せっかくの晴れの日です。参加しているときはつまらなそうな顔をせずに笑顔でいましょう。新郎新婦の両親が不満げな顔をしていては、雰囲気も悪くなります。

参加してくれているふたりの友人たちには感謝の気持ちを持って、できれば多くの人にあいさつしお礼の言葉を伝えてください。親として、参加者全員に心ばかりのプレゼントを用意したり、会場にお花を用意したり、準備などからとくにお世話になった友人には別にお礼を考えるのもよいでしょう。

その場合、子どもたちに相談もせずに勝手に進めるのはあまりよい方法ではありません。こうしたいと思うが、と断ってから準備をします。

Advice

服装も披露宴よりはカジュアルなものに

披露宴では正装のモーニングや留袖を着ますが、カジュアルなパーティーでは両親も略礼装くらいがよいでしょう。子どもたちや、相手方の両親とも相談して服装を決めると、堅すぎたり、くずしすぎたりして浮いてしまうこともありません。

ここがポイント!

◉友人とのカジュアルなパーティーの企画には基本的に口を出さず、本人たちにまかせる。

◉パーティーを楽しむようにし、つまらなそうな態度や非協力的な態度を取って場の雰囲気を悪くしない。服装も考慮して。

◉親としてパーティーの企画者や参加者に感謝の気持ちを持ち、きちんと伝えるようにする。

海外で挙式をする場合は？

家族同行の海外挙式ツアーも人気

ハネムーンを兼ねての海外での挙式も、人気の高いウェディングスタイルのひとつ。以前は現地でふたりきりで式を挙げるケースが多かったのですが、今では両親や親族、友人もいっしょに出かける海外挙式ツアーも増えています。

個人で相手国の大使館に交渉し教会の予約などをするのは、言葉の問題などもあり大変です。また、挙式のために日本での婚姻証明書が必要であったり、現地の婚姻証明書は日本で通用しなかったり、手続き上の問題もさまざま。本人たちが海外での挙式を望む場合は、負担の少ないツアーの利用も選択肢として考えるよう、アドバイスするとよいでしょう。

参加者が限られるため帰国後のフォローを

海外挙式の場合、どうしても参加者が限られてしまい、お世話になっている方の多くをお招きすることができません。ですから、帰国後、披露宴やパーティーの形で、参加してもらえなかった方に結婚の報告をするのが一般的です。挙式のビデオを流し、見てもらうのもよい方法です。

披露宴などを行わない場合は、最低限、親族や日頃お世話になっている方、友人などに結婚通知を出すのがマナーです。こうした点がおろそかにならないよう、子どもたちに確認しておきましょう。

5章

披露宴でのスピーチ

披露宴での両親のスピーチとは?

会の締めくくりに参加者にお礼を述べるもの

両家を代表して感謝の気持ちを伝える

披露宴での両親のスピーチは、会の最後に、主催者側が改めて感謝の気持ちを伝えるものです。

新郎の父親が両家を代表して謝辞を述べる形が一般的ですが、両家の父親がひと言ずつ述べる、新郎・新婦本人からお礼の言葉を添えるなどの方法もあります。両家で話し合って決めましょう。

新郎の父親が故人であったり、何らかの事情で式に出席できない場合は、新婦の父親か新郎の母親がスピーチをします。また、新郎が婿養子になる場合は、新婦の父親がスピーチすることが多いようです。

いずれの場合も、スピーチの内容は、会に出席してくださったことへのお礼をはじめ、祝辞やお祝いへのお礼、媒酌人へのお礼など、参加者への感謝の言葉が中心になります。

もうひとつ大切なのが、新郎新婦への今後の支援をお願いする言葉です。若いふたりを今後も指導してほしいと、親としてお願いします。

子どもの結婚にあたり、親としての感慨を述べるのはかまいませんが、感情的にならずに簡潔にしたいもの。また、あくまで両家を代表する立場ですから、話題が自分の子どもに偏らないように注意します。

これから親族としておつきあいしていく両家両親族に向けてのあいさつも、忘れずに加えましょう。

原稿をきちんと準備する

必要な内容をきちんと盛り込み、2~3分程度の簡潔で印象的なスピーチをするためには、それなりの準備が必要です。会議やプレゼンテーションの席など人前で話すことに慣れている方でも、その場でなんとかなると考えるのはやめましょう。

最低でも、原稿やメモをつくって話すべき内容を整理し、想定した時間内におさまるかどうかをチェックします。

また、新郎・新婦それぞれの父親が話す場合、父親と新郎が話す場合などは、内容が重複しないよう、事前に打ち合わせておきましょう。

CHECK　スピーチに入れる内容

❶自己紹介

□ 名前　□ 新郎・新婦との関係

❷お礼の言葉

□ 出席してくださったことへの感謝

□ 媒酌人へのお礼

□ 幹事などへのお礼

□ 祝辞や余興へのお礼

□ もてなしのいたらなさを詫びる

❸親として感じること

□ ふたりへの期待など、新郎新婦へのメッセージ

❹列席者へ

□ 今後のふたりへの支援をお願いする

❺両家親族へ

□ 今後のおつきあいをお願いする

❻結びの言葉

□ 最後に改めて述べるお礼

マナー

披露宴でスピーチをするとき

立場をよく考え、気持ちを伝える

内容は簡潔にし、話し方や姿勢にも気を配る

会の締めくくりとなるスピーチが、だらだらととりとめのないものでは、感激も薄まってしまいます。原稿は約300字が1分間のスピーチの目安になりますから、600~900字程度にまとめましょう。常にどんな立場で何を伝えるのかを頭において、表現やエピソードを絞ります。出席者の顔ぶれも考慮しましょう。

聞いている人たちに感謝の気持ち

スピーチの流れ

■指名を受けマイクの前で一礼する

スピーチするのは父親だけでも、母親もいっしょに立ってお辞儀をする。

姿勢のポイント

●顔を上げ背筋を伸ばして、肩の力を抜くのが正しい姿勢。うつむかないよう視線は少し遠くを見る。

●手は自然に体の横に添えるか、体の前で軽く組む。大げさなジェスチャーは品がなく見えることもあるので注意したい。

●足は揃えるか、男性なら軽く開く。両足に重心をかけまっすぐに立つ。

やお願いをはっきり伝えるためには、話し方や姿勢も重要です。ぼそぼそと聞き取りにくい小声で話したり、落ち着きなく体を揺らしていたりでは、どんなにすばらしい内容であっても、聞く人にいい印象を与えることは難しいものです。

　語尾まではっきりした口調、聞きやすい声の大きさや速さ、正しい姿勢、落ち着いた誠意を持った態度を心がけましょう。

Advice

練習は実際に話すつもりで

　原稿を読む練習は、慣れてきたら鏡の前などに立ち、実際に話すつもりでやってみましょう。家族に披露し、チェックしてもらうのもよい方法です。

お辞儀のポイント

- 背筋を伸ばして上体をゆっくり倒し、頭を下げたところでいったん止める。スピーチ開始時は上体を30度傾ける普通のお辞儀を、終了後は45度の深いお辞儀をする。

■スピーチを始める

マイクの使い方のポイント

- ハンドマイクもスタンドマイクも、口元から10～20cm離す。

話し方のポイント

- 語尾までしっかりと、はっきり話す。
- 緊張すると早口になりがち。ゆっくりした口調を心がける。
- 間のとり方や抑揚にも気を配る。
- 原稿やメモを見る場合は、時々目を落とす程度に。基本は聞き手に顔を向ける。

■終了後は深く一礼する

オーソドックスな謝辞（新郎の父親）

自己紹介

ただ今ご紹介をいただきました、新郎の父、秋山康一でございます。両家を代表いたしまして、皆様にひと言お礼を述べさせていただきます。

お礼の言葉

1 本日はお忙しいなか、またこのような晴天に恵まれた行楽シーズンのただなかに、康太郎、奈美子の披露宴にご列席いただき、誠にありがとうございました。2 十分なおもてなしもできませんでしたが、多くの方々に祝福していただき、あたたかく和やかな会になりましたことを、両家親族一同、心より感謝しております。

本日、康太郎、奈美子の両名は、夫婦として新たな出発を果たすことができました。ご媒酌の労を快くお引き受けいただいた中山ご夫妻はじめ、ふたりを見守ってくださった皆様に厚く御礼申し上げます。また、数々のお祝いのお言葉、励ましのお言葉を賜り、本人

一般的なあいさつ

新郎の父親ひとりがあいさつをする、一般的なあいさつ例。

●言い換えの例1

ご多忙中、また遠路はるばる、康太郎、奈美子の披露宴にお運びいただきまして、本当にありがとう存じます。

●言い換えの例2

本日は不行き届きもありましたことをお詫び申し上げると同時に、

たちも決意を新たにしたことと思います。

康太郎は三人兄弟の長男ということもあり、自分のことより先に弟たちのことを考えて、自分の素直な気持ちを口に出せないところがありました。親としては、もっと言いたいことを言ってよいのにと思っておりましたが、奈美子さんといっしょにおりますと、実に自然に自分を表現しているようです。奈美子さんはとても明るく伸びやかな女性で、私どもも彼女といると、明るく、前向きな気持ちになります。本当によい方と巡り会ったと喜んでおります。

ふたりで幸せな家庭を築く努力をしてくれることと信じてはおりますが、まだ若く、未熟なふたりでございますから、今後も皆様にお力添えをいただくことが多々出てくると思います。[3]ご指導、ご鞭撻のほど、なにとぞよろしくお願いいたします。

また、川端家の皆様には、今後はともにふたりを見守っていく親族として、末永いおつきあいをよろしくお願いいたします。

最後になりましたが、皆様のご健康とご多幸をお祈りしまして、ごあいさつとさせていただきます。ありがとうございました。

親として感じること

列席者へ

両家親族へ

結び

●言い換えの例3

重ねてのお願いで恐縮でございますが、これからも若いふたりを見守っていただき、厳しくご指導賜りますよう、よろしくお願い申し上げます。

人前結婚式などの場合（新郎の父親）

皆様、本日はお忙しいところ、祐介、浩美のためにお集まりいただき、本当にありがとうございます。祐介の父、山川大介です。ひと言お礼のごあいさつをさせていただきます。

皆様のおかげで、祐介と浩美のふたりは夫婦として新しいスタートを誓うことができました。正直、[1]人前結婚式、レストランでのパーティーという形式には、両家の両親とも戸惑う部分もありました。ですが、ふたりがぜひ自分たちを支えてくださる方たちに結婚を誓いたいと申しますので、こうした形となりました。実際に今日、人前結婚式を経験しまして、こんなに大勢の方々がふたりの結婚の証人として、今後もふたりを見守ってくださるのだと思うと、親としてとても心強く感じました。また、心あたたまるお祝いの言葉や、ユーモアいっぱいの新郎新婦紹介、さわやかな歌声のご披露など、皆様

自己紹介

お礼の言葉

比較的カジュアルな式やパーティーのケース

人前結婚式、レストランでのパーティー、ガーデンウエディングなど、アットホームな雰囲気をのぞむ会の場合は、あまり堅苦しくなく、素直にお礼の気持ちを述べるスピーチにしたいもの。

●言い換えの例1

会費制のパーティーということで、新婦のご両親をはじめ、ご列席の方々のなかには、戸惑われた方もいるかと思いますが、この地域で

のお心遣いに感謝の気持ちでいっぱいです。＊幹事として会をまとめてくださった高橋様、小川様をはじめ、司会を務めてくださった城崎様、鈴木様、皆様、ありがとうございます。

ふたりも皆様の前で結婚を誓い、気持ちも新たに、今日の日の喜びと感謝をかみしめながら新しい生活に向かってくれると思います。ただご承知のように、祐介にはちょっとおっちょこちょいで、気が早いところがございます。いつも穏やかな浩美さんがフォローしてくれるとは思いますが、いたらぬところがありましたら、ご遠慮なくご助言、ご忠告をお願いいいたします。

このレストランでの披露パーティーは、ふたりが自分たちが本当に良いと思うもので皆様をおもてなししたいと考え、企画したものです。不行き届きな面も多々あったと思いますが、ふたりの気持ちを汲んでいただければ幸いです。最後にふたりには、今後も証人の方々に対する責任をきちんと自覚してくれるよう願っています。両家親族の皆様も、今後ともよろしくお願いいたします。

本日は誠にありがとうございました。

ふたりへ・両家親族へ・結び

列席者へ

は昔から慣例になっておりますので、ご理解いただければと思います。（慣習になっている場合はひと言断る）

＊会の幹事、世話役などには、名前を挙げて、きちんとお礼を述べる。

新郎の父親が故人の場合（新婦の父親）

私、新婦真弓の父の中川和雄と申します。本日は、皆様ご多用中にもかかわらず、山崎家、中川家の披露宴にご列席いただき、誠にありがとうございます。[*]両家親族を代表しまして、お礼のごあいさつを申し述べさせていただきます。

[1]ご媒酌人の野島様からのお話にもありましたように、新郎孝志君のお父様は、10年前に故人となられました。ご存命でしたら、今日の孝志君の晴れ姿をさぞお喜びになったことでしょう。その後はお母様が山崎家を支え、昨年妹の百合さんが、そして今日孝志君が新しい家族を迎えることとなりました。この席でのごあいさつはお母様にと思いましたが、「これから孝志の父親になっていただくわけですからぜひお願いしたい」とのお言葉をいただきましたので、僭越ながら私がごあいさつさせていただくことになりました。

自己紹介

事情の説明

その他、新郎の父親が不在のケース

病気療養中の場合や、緊急の仕事や出張で、新郎の父親が披露宴に出席できないことも。いずれも招いた側が欠席する形になるので、簡潔に事情を説明し、ていねいにお詫びの気持ちを伝える。スピーチは新郎の母親がしてもかまわない。

お礼の言葉・列席者へ

ご媒酌の労をお引き受けいただいた野島様ご夫妻をはじめ、皆様よりふたりに心のこもった祝福、励ましのお言葉をいただきまして、本当にありがとうございました。本人たちには、皆様のお言葉をしっかり心に刻んで、今後の生活の糧にしてほしいと思います。

孝志君は10代の頃より、お母様のご苦労を少しでも減らしたいと、学業だけでなく家のなかのことまでがんばってきた、大変しっかりした青年です。真弓も社会人として多少の経験は積んでまいりました。しかし、なにぶんふたりとも結婚生活に関してはまったくの新人でございます。幸せな家庭を築くための第一歩をふみ出したばかりで、まだまだ学ぶべきことがたくさんあります。皆様には、今後ともぜひふたりに、ご指導、お力添えを賜りますよう、重ねてお願い申し上げます。

両家親族へ・結び

私どももこれからは山崎家の親族として、ふたりを見守っていきたいと思います。山崎家の皆様、どうぞよろしくお願いいたします。最後に、本日ご列席いただいた皆様に心からの感謝をお伝えして、両家親族のあいさつとさせていただきます。ありがとうございました。

＊両家親族を代表していることをきちんと伝える。

●言い換えの例1
皆様ご承知のことと思いますが、新郎孝志君の父上は10年前に他界されました。

両家の父親があいさつする場合

新婦の父親

本日は、皆様お忙しいなかご足労いただきまして、誠にありがとうございました。

新婦真奈美の父、中島真治でございます。このたび、ふたりは津山様ご夫妻のご媒酌によって、無事結婚の儀を調えることができました。私どもは忠之君を当家に迎えることができ、喜びでいっぱいです。*中島家に入ることを申し出てくれた忠之君、また快く認めてくださったご両親にはお礼の言葉もございません。本当にありがとうございました。

真奈美は幼い頃より家業に親しみを持ち、「大きくなったら、おうちをつくる人になる」と申しておりました。同じ設計の道を志す忠之君と大学で知り合い、その後もともに切磋琢磨していくなかで、今日の日を迎えることができました。今後は忠之君とふたりで、幸福な家庭という目標に向かって、努力してくれると信じております。

私どもも近江家の皆様とともにこれからのふたりをサポートしてまいりますが、まだまだ若いふたりのこと、皆様のふたりへのお力添えをお願いし、また本日のご列席への感謝をお伝えしまして、ごあいさつとさせていただきます。

事情の説明

親として感じること

両家親族と列席者へ・結び

両家の父親があいさつする場合

新郎の父親

新郎の父、近江忠則と申します。**私からもひと言ごあいさつをさせていただきます。

本日はこのように多くの皆様にご列席いただき、ふたりを祝福していただいたことに、心よりお礼を申し上げます。また、ご媒酌の労をお引き受けくださいました津山様ご夫妻には大変お世話になり、深く感謝しております。

忠之は今日より、中島家の、また中島建設の一員として力を尽くしていくことになります。真奈美さんという素晴らしい伴侶に恵まれ、また好きな設計の仕事を続けていけるわけですから、何よりの果報者と思っております。まだまだ力不足で、決して器用ではない息子ですが、少なくとも誠心誠意努力する姿勢だけは持っておりますので、中島家の皆様、ご列席の皆様、なにとぞご指導、ご鞭撻のほどよろしくお願いいたします。

これからふたりには、今日皆様からいただいた祝福や励ましのお言葉を胸に、笑顔の絶えない家庭を築いていってほしいと思います。

本日は、ありがとうございました。

自己紹介・お礼の言葉

親として感じること・両家親族と列席者へ

結び

文例は婿養子となるケースだが、一般的な謝辞を両家の父親が述べてもかまわない。ふたりがスピーチすることになるので、長くならないよう、またふたりの内容が重複しないように注意を。

＊新郎や新郎の家族に感謝を伝える配慮を忘れずに。

＊＊自分からもあいさつすることをひと言断る。

新郎の父親と本人があいさつする場合

新郎の父親

新郎の父、岡田浩輔と申します。本日はお忙しいなか、浩、恵理香の披露宴にご臨席くださり誠にありがとうございました。皆様からのお力添えをいただき、無事晴れの門出を迎えることができましたことを、厚く御礼申し上げます。

また、先ほどより皆様からあたたかい祝福や激励のお言葉、また過分なおほめのお言葉をちょうだいいたしまして、本人はもとより、私どもも感激いたしております。親の目から見ますとまだまだ未熟で頼りないところもございますが、きっとお言葉の一つひとつを大切な宝物として、今後に生かしていってくれると信じております。

晴れて夫婦となりましたふたりですが、これから先、迷ったり、悩んだり、壁にぶつかったりすることも多々あると存じます。どうぞ皆様には、今まで以上に、若いふたりにご指導、ご鞭撻、お力添えのほどよろしくお願い申し上げます。また、篠原家の皆様には、これからご親族としてのおつきあい、よろしくお願いいたします。

つたないあいさつで恐縮ですが、両家の感謝の気持ちです。ありがとうございました。

自己紹介・お礼の言葉

両家親族と列席者へ

結び

父親と新郎があいさつする場合

両親だけでなく、新郎、または新郎新婦がお礼の言葉を述べる形式も増えてきています。祝福される本人たちが、お礼と結婚への決意を述べるのは自然なことですから、ぜひプログラムに加えたいものです。

新郎

本日は、皆様お忙しいにもかかわらず、私たちのために、このように多くの方々においでいただき、本当にありがとうございます。そのうえ、心のこもったお祝いのお言葉をたくさんいただき、喜びと感謝の気持ちで胸がいっぱいです。

*私たちは、今日から夫婦として新たな家庭を築いていくことになりました。これは、とてもうれしいことですが、同時に責任あることでもあります。皆様からいただいたお言葉を支えに、ふたりで努力して、あたたかく、互いに思いやりを持った家庭にしていきたいと思います。また、皆様には、ぜひいつでも気軽にお訪ねいただければ幸いです。

未熟者のふたりですが、どうか末永くおつきあいくださいますように、お願い申し上げます。また、**この場をお借りして、今までふたりを育ててくれた両家の両親に、お礼の言葉を贈りたいと思います。ありがとうございました。今後も私たちふたりをご指導くださいますよう、すべての皆様にお願いし、ごあいさつといたします。

お礼の言葉 ／ 結婚生活への決意 ／ 両親へのお礼・結び

*祝辞を受け、結婚生活への決意を述べる。
**ひと言断ってから、両家両親へのお礼の言葉を。

結婚に関する手続きは？

婚姻届

　法律的には、婚姻届を提出することで結婚が成立します。いつ届けを出すかは、結婚式当日に限らず、新婚旅行用のパスポート申請のために事前に入籍したり、新婚旅行から帰ってきてからだったり、人それぞれです。

　婚姻届は全国の市区町村役所で365日、24時間受け付けています。届け先によって必要提出枚数が違ったり、戸籍抄本が必要だったりします。いつどこに届け出るのか、出し方を理解しているかなど、子どもに確認しておきましょう。

住所・氏名の変更に伴うさまざまな手続き

　結婚し、住所や氏名が変わると、身分に関係するさまざまな書類を変更する必要が出てきます。転居するのかどうか、退職で社会保険が変更になるかどうかなどによって、必要な手続きは異なりますが、どれも忘れたり遅れたりすると、生活に不便が出るものばかり。必要ならフォローをしましょう。

CHECK

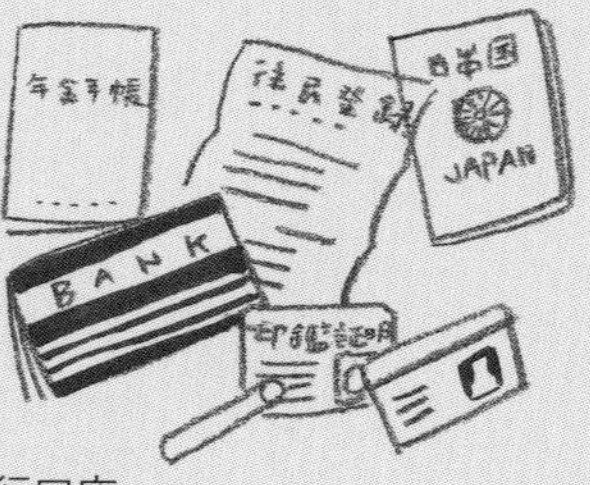

- □ 住民登録
- □ 印鑑証明
- □ 国民健康保険
- □ 国民年金
- □ 勤務先の健康保険
- □ 厚生年金
- □ 電話の移転
- □ 郵便物の転送届け
- □ 勤務先の扶養に関する届け
- □ 勤務先の氏名変更の手続き
- □ 銀行口座
- □ 運転免許証
- □ パスポート
- □ 生命保険
- □ 電気・水道・ガスの使用手続き

6章

新生活へ

子ども夫婦の新生活と親の役割

結婚式の準備には、親としてさまざまな助言をする必要がありましたが、新しい生活は、若い夫婦ふたりのもの。ふたりなりの人生設計があるでしょう。ついつい口を出したくなることもあるかもしれませんが、応援を頼まれるまではあれこれ口をはさまないように。新婚生活にまで親が指図しようというのは、親のわがままといえます。何か相談を受けたときには大いにアドバイスするようにして、新しい生活のスタートを見守ります。

同居、別居、どちらの家の近くに住むか、といったことも、子どもの考え次第。同居にも別居にもそれぞれに利点と欠点があります。親としての提案や希望があれば、ある程度先までを見据え、結婚前に一度話し合いの時間を持つことが必要です。

あとで問題となることが多いのは、ふたりが女性の実家のそばに住むことになったときに、女性側の両親がマンションなどを用意してしまうケースです。男性側の両親が用意する場合は、あまり大きな問題は起こらないものですが、女性側の両親がどんどん話を進めてしまうと、男性側を困惑させることになりがちです。新居に対する援助をする場合には、どちらがどうするのか、子どもを通して両家できちんと話をしておきましょう。

いざ、ふたりの生活が始まってしまうと、親としての役割はもうないようにも思えますが、新しく世帯を持ったふたりに、親がしなければならないことがまだあります。それは社会生活の常識、世間とつきあう方法を教えることです。とくに地域独特のつきあい方があるような場合は早めに伝え、ふたりが親族や地域にとけ込む手助けをしていきます。

ごく一般的に思えるつきあいのなかにも、周囲とのかかわり方が難しくなっている現代では、ふたりが頭を悩ませることがあるでしょう。相手方の親族とのつきあい方、ご近所とのつきあい方、冠婚葬祭のときの夫と妻の役割など、円滑なおつきあいができるコツをアドバイスしていくことが親としての重要な役割といえます。自分たちが夫婦となってからぶつかった問題、苦労したこと、悩んだこと、そしてそこから学んできたことなどを、折をみて夫となる息子、妻となる娘に伝えていくよう心がけましょう。

あいさつマナー

挙式後のお礼やあいさつ
マナーにのっとったお礼、お返しを

結婚祝いへのお返しは挙式後1か月以内に

何か月もかけて準備してきた結婚式がすむと、ほっと一息、どっと疲れも出てくるでしょう。でも、お世話になった方たちへのお礼が遅くならないように、お礼の手配やあいさつをすませるまで、もう少し気をはっていましょう。お祝いへのお返し（内祝）は挙式後1か月以内にすませます。

お礼やお返しは基本的に本人た

お礼、お返しが必要な人

●お礼

結婚に際し、とくにお世話になった人には改めてお礼の品を持参したり、お礼状を出したりする。友人へのお礼は、新婚旅行のお土産や、新居に招いて食事を振る舞うといったことでもよい。

・媒酌人　・主賓　・受付など世話役
・二次会やパーティーを手伝ってくれた友人
・結婚式に祝電をくれた人

●お返し

結婚の前後にはさまざまなところからお祝いが届くもの。覚えているようでうっかりすることもあるので、お返しのもれのないように、いただいた人の名前や日にち、金額、品物などをきちんとリストにしておくようふたりにアドバイスする。お返しをすませたときにもチェックして、いつ何を贈ったかわかるようにしておくとよい。

・結婚祝いをいただいた人
（引き出物がお返しとなるので
披露宴の出席者には不要）

ちがするものですが、両親との関係が深い人などには、両親からもお礼状を出したり、贈る品物にもアドバイスを。完全に子どもにまかせていいのは、ふたりの友人や同僚といった仲間についてだけです。

媒酌人へのお礼

●いつ誰が

正式には、挙式後2〜3日中に両家もしくは一方の両親がお宅にうかがいお礼をする。本人たちも可能なら同行し、旅行中なら日を改めふたりでうかがう。ただ最近は、会社の上司や恩師に当日のみの媒酌人を依頼することが多いため、本人たちだけ、あるいは男性側の両親と本人たちで出向くことも。「挙式、披露宴では大変お世話になりありがとうございました。おかげさまでつつがなく執り行うことができました。感謝の気持ちです。どうぞお納めください」といったあいさつをし、菓子折りなどの手土産といっしょにお礼を差し出す。

●金額の目安

結納からお世話になっていた場合は、結納金の2〜3割程度、挙式当日のみだったら結納金の1〜2割程度。披露宴の規模によるが、10万〜20万円程包む場合が多い。両家で折半して用意する。

祝儀袋と表書き

・のし付き、結びきりの水引き
（高額を包むのでそれに見合った祝儀袋に）
・表書きは「寿」か「御礼」
・両家連名で

内祝は挙式後1か月以内に。

内祝のマナー

●手渡しするかお礼状を添えて

内祝は直接手渡しするのがていねい。デパートなどから配送する場合は、お礼状を添えるか別送するのがマナー。

●相手が喜んでくれる品物を

いただいたお祝いの3分の1から半額程度のものを贈る。タオルなどの実用品や記念に残るインテリア小物、食器など相手が喜んでくれる品物を選ぶ。年輩の方へ贈るときは親からアドバイスを。

のし紙と表書き

・のし付き、結びきりの水引き
・表書きは「内祝」か「寿」
・子どもたちふたりの名前か、新しい姓で

子どもたちの新生活への目配りは？

周囲とのつきあいの仕方をアドバイス

伝えるべきことは早めに伝えておく

子どもたちの新生活に対しては、子どもたちの考える通りにさせることがいちばんでしょう。常識的に考えておかしいところがあればアドバイスします。

とくに近所や親戚とのおつきあいなど、本人たちが今まであまり経験してこなかったことに関しては、あいさつする範囲やタイミングといったことを助言しておきましょう。そのつどいちいち口を出したり、あとからふたりのやり方を注意するように口を出すと、とてもわずらわしく感じるもの。早めに伝えてあとは見守ることが大切です。

ふるさとを離れてふたりが生活するような場合はなおさらです。ずっと様子を見ていることはできないのですから、あとになって心配しなくてすむよう、あらかじめ近所への気配り、トラブルになりがちな点など

を伝えておきましょう。自分たちの失敗などを例に出すと、説得力も増します。

必要であれば諸手続きや留守番を引き受ける

結婚前後のふたりは何かと慌ただしいものです。結婚後すぐに新婚旅行に出発する場合、ふたりとも平日は仕事で忙しい場合など、必要な手続きがあと回しになることも。ふたりが留守の間の諸手続きや、新居での荷物の受け取りなど、できることを引き受けるのもよいでしょう。

声をかけてみて、大丈夫との答えだったら、無理に引き受けることはありません。もし必要なら、いつでも声をかけてと伝えておきます。頼まれてもいないことを勝手にしたり、しつこく状況を確かめたりして、ふたりの生活に深く干渉しないことが大切です。

Advice

引き出物を選ぶときは

挙式などでお世話になった媒酌人には、お中元やお歳暮など、盆と暮のごあいさつをします。会社の上司や親戚など、そのあともつきあいが続くような相手の場合は、あいさつもずっと続けていきます。

ただ、挙式後、普段はあまりつきあいがなくなってしまう相手に進物を続けるのは、本人たちだけでなく相手にとっても負担です。そういった場合は、3年、あるいは5年、または第一子誕生を区切りにして盆、暮のあいさつを省略してもよいでしょう。

あいさつマナー

近所へのあいさつ回り はじめのあいさつが肝心

地域の慣習にのっとったあいさつを

夫婦として新しく住まいを構えたら、近所へのあいさつ回りをします。将来子どもが生まれたりすると、近所の人の援助や協力がとても大切になるもの。はじめにきちんとしたお近づきのあいさつをして、地域の一員として受け入れてもらい、よいおつきあいを願うよう伝えましょう。

地域によって、あいさつ回りにも独特の慣習があるところがあります。そのようなところはとくに、若いふたりにはわからないことが多いので、しっかり助言してあげることが必要です。

Advice

近所以外へのあいさつ

冠婚葬祭でお世話になる親戚とのつきあいも大切です。今までのつきあいの深さや仕方をふまえ、手土産を持って直接訪ねる、手紙を出すなど、親戚ごとにあいさつの方法を教えます。先方に電話を入れておくなど、段取りを組んであげてもよいでしょう。

また、式へ出席してくれたことや、祝辞、お祝いに対するお礼をきちんとするようアドバイスします。

近所へのあいさつ回り

引っ越しの日あるいはその翌日に、あいさつ回りをします。のし紙をかけたタオルやお菓子など、500～1,000円程度の品を持参し、玄関先でていねいに名乗り、今後のよいいつきあいをお願いしましょう。

【同居の場合】

夫の実家に同居する場合、姑が嫁を紹介する形で回るのが一般的。姑がいっしょに回れなければ、夫や舅が付き添う。

あいさつの品

・のし付き、結びきりの水引き
・表書きは「寿」か「御挨拶」
・嫁の名前で

向こう三軒両隣りに加え、日ごろ親しくしている家、自治会の会長や役員の家などに、訪問着やスーツといったきちんとした服装で回る。「長男○○が結婚しましたのでごあいさつにうかがいました。嫁の△△です。これからどうぞよろしくお願いします」といった姑の紹介のあと、嫁があいさつを。
あいさつに回る前や回っているときに、そのお宅の家族構成や、どういったつきあいをしているかといった情報を嫁に伝える。あいさつ回りなので、姑はそれぞれの家で長話をしないよう注意が必要。

【別居の場合】

どちらの実家とも離れて夫婦が暮らす場合、夫婦ふたりであいさつに回る。

あいさつの品

・のし付き、結びきりの水引き
・表書きは「寿」か「御挨拶」
・夫婦の姓で

新居が一軒家だったら向こう三軒両隣り、アパートやマンションの場合、両隣りと上下の部屋、管理人、大家さんにあいさつに行く。さらに、自治会の会長や役員といった地域でお世話になる家にもあいさつしておくとよい。あいさつに回りながら、地域の決まりごとや注意すべきことなどを聞いておく。
服装は、引っ越しの当日ならあまりこだわらなくてもよいが、身だしなみには気をつけ、だらしないイメージを持たれないようにしたい。

子ども夫婦とのつきあい方は？

負担にならず、不足しないつきあいを

ふたりを尊重し考えを押しつけない

若いふたりとは、つかず離れずといった距離でいることが、気持ちのよいつきあいを続けるポイントです。口出しせず、でも大切なことは伝えるというのが理想。そのためには、ふたりにはふたりなりの生活があり、自分たち夫婦とは生活のペースも考え方も違うのだ、ということをきちんと頭に入れておく必要があります。

我が家のやり方を押しつけず、聞かれれば教える、逆にふたりのやり方もよいと思ったものは取り入れるくらいの気持ちでいましょう。何よりいけないのは、相手方の実家や親族のやり方、考え方を否定したり悪口を言ったりすることです。

負担になるような世話はしない

よかれと思ってしたことが、ふたりの負担になることもあります。相

手からは疎ましがられるうえ、「こんなにしてあげているのに」と親の不満もたまっていきます。

　過ぎた気遣いは、ふたりの生活を干渉することにもつながります。ときおり、子どもたちの立場に立って考えてみるようにしてください。

話しづらいことは早めに相談する関係に

　互いの生活ペースを守ることが大切とはいえ、家族です。ときには話し合わなければならないことも出てきます。重要なことは先送りにせずに、早めに話をすることが大切です。

　互いの相談事や不満などは、思ったときすぐに話し合おうと初めに伝えておくとよいでしょう。

ここがポイント!

同居の場合

- 共有スペースの使い方など、前もってルールをつくっておく。
- 家計をどう分担するのか、あらかじめ話し合っておく。
- 同じやり方や生活ペースを押しつけない。
- 最低限の予定は伝え合う。
- ふたりの部屋に勝手に入らない。
- 近所でふたりの愚痴を言わない。

別居の場合

- 合鍵を預かっていても勝手に家に入らない。
- 訪ねるときは前もって連絡しておく。
- 近所であっても、頻繁に訪ねていったり、家に呼びつけたりしない。
- 息子や娘がひとりで実家に長くいるようなら、自分の家に戻るよう注意する。
- ふたりの予定をしつこく聞かない。

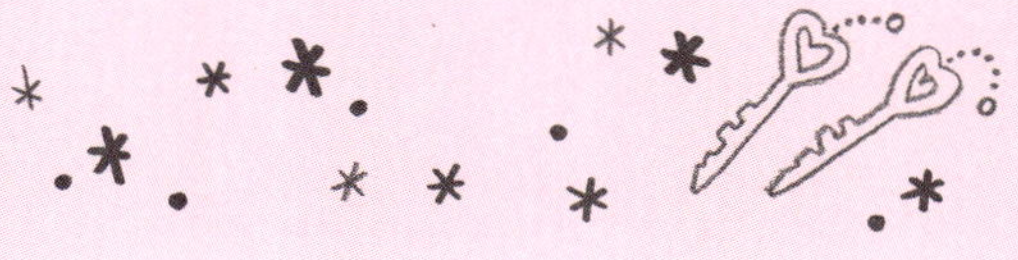

しきたりマナー

孫のお祝い
親戚づきあいのよい機会として

冠のお祝いはきちんと祝う

冠婚葬祭のつきあいは家族、親族にとって重要なものです。「冠」は子どもの成長にともない行われるお祝い。孫が生まれたら、「冠」の祝いは祖父母としてきちんと祝います。子ども夫婦とコミュニケーションをとるよい機会にもなるでしょう。

地域のしきたりがあれば伝えますが、大切なのは子ども夫婦の意向です。無理強いせず、現在のやり方

「冠」の祝いと祖父母の役割

ここでは1歳までの祝い事を紹介。このあとも七五三、入園、入学、成人式と続く。

■帯祝い
妊娠5か月の戌の日に、妊婦が安産の願いを込めてさらしの帯を巻く。

妻の実家が岩田帯を贈るのが一般的だが、夫側の実家や本人たちが用意することも。帯を巻くのは儀式としてだけで、お祝いにはガードルや腹巻きタイプなどの実用品を贈るケースが増えている。

■出産祝い
無事に赤ちゃんが誕生したことを祝う。

祖父母からはベビーベッドやベビーカーなどの比較的高額なものを贈ることが多い。通常は出産後に贈るが、寝具などすぐに必要になるものは出産前に。

■お七夜
生まれて七日目に無事な成長を願う。名前を付け

出産間もなくの母子を気遣い、おおげさなお祝いはしないことが多くなっている。家族で祝い膳を囲むなら祖父母が用意するとよい。

にも耳を傾けましょう。お祝いの品は、こちらの思いも伝えつつ子ども夫婦の希望を聞き、本当に喜ばれ役立つものを贈ります。

育て方には口をはさまない

孫のお祝いはしても、育て方には干渉しないことが大切です。育児に祖父母がしゃしゃり出てよいことはありません。アドバイスはしてもそれを押しつけないこと。孫に過剰な贈り物をするのもやめましょう。

て披露する、命名式を行うことも。

■お宮参り
健やかな成長を願って地域の産土神にお参りする。生まれて30日目前後に行うことが多い。

夫側の祖母と子ども夫婦が赤ちゃんに付き添い、祖母が赤ちゃんを抱いてお参りするのが習わしだが、両家揃って、または子ども夫婦だけでなど、それぞれの事情に合わせてお参りするケースも増えている。赤ちゃんの晴れ着は妻の実家が用意。子ども夫婦が自分たちで選べるよう、現金を贈ることも。

■お食い初め
一生食べ物に困らないよう、生後100日目前後に祝い膳を用意し、食事をさせるまねをする。

長寿にあやかるという意味から、赤ちゃんに食べさせるまねをするのは年長者の役割。祝い膳の器は男の子は朱塗り、女の子は外側が黒で内側が朱塗りというのが正式だが、離乳食用の食器を贈り、それを利用することも多い。

■初節句
男の子は5月5日の端午の節句、女の子は3月3日の桃の節句。

鯉のぼりや雛人形などの節句の飾りは、妻の実家から贈るのが習わし。住宅事情や好みがあるので、子ども夫婦と相談してから贈る。誕生から初節句まで日が短いときは、お祝いが続き、祝う側、祝われる側双方の負担ともなるので翌年にすることも。

■初誕生
満1歳の誕生日を祝う。

祖父母からは、おもちゃや洋服などをプレゼントすることが多い。

相手家族とのつきあい方は？

同等の立場で、冠婚葬祭には礼をつくす

無理に親しくする必要はない

子どもたちが結婚したことによって、新しく親族となった両家ですが、特別に親しくつきあう必要はありません。普段は子どもに相手方の様子を聞いたり、こちらの様子を伝えてもらったりといったつきあいを基本として、お中元やお歳暮、年賀状など季節のあいさつをやりとりする程度でよいでしょう。

冠婚葬祭は大切なつきあい

親族ですから冠婚葬祭のつきあいはとても大切です。相手方の儀式のときには礼をつくしましょう。直接出向くのが難しければ、子ども夫婦にお祝いの金品などを届けてもらう、あいさつを伝えてもらうなどします。ただし葬儀の際には可能な限り参列を。また、両家のお祝いである孫の冠の祝いのときには、揃ってなごやかに祝いましょう。

こちらの冠婚葬祭時に相手方からしてもらったことは忘れずに、同じように返すのは最低限のマナーです。そのためにも、いただいた御祝儀や不祝儀の金額、品名などはきちんと控えておきます。

相手方も気遣うように子どもたちに伝える

子ども夫婦から、父の日や母の日、誕生日に贈り物をされるのは大変うれしいことです。そのとき、相手方の両親にも同じようにしているのか一度確認してみてもよいでしょう。

同居していたり、家が近所だったりする両親とのつきあいは、離れている両親より密になりがち。片方の家とあまり疎遠にならないよう心を配るのが近くにいる親の役割です。贈り物などは両方の親に同等にするよう伝えます。

とくに同居の場合、子ども夫婦が相手方の実家にあまり帰らないようなときは、ときどき遊びに行くようすすめてあげましょう。

ここがポイント!

- ◉相手家族とは無理して親密につきあう必要はない。子どもを通す、距離をおいたつきあいで十分。
- ◉互いの冠婚葬祭には、同じように礼をつくす。
- ◉子ども夫婦との関係はどちらの家も同等の立場。相手方と子どもたちの関係が疎遠にならないよう、配慮する。

監修

篠田 弥寿子（しのだ やすこ）

日本現代作法会会長
日本マナーサービス株式会社代表取締役
日本マナーアカデミー学院長
現代マナー研究家・冠婚葬祭プロデューサー

昭和56年「日本現代作法会」を設立。古典礼法を踏まえた上で現代生活に即したマナーの普及と指導に従事。ビジネスマナー、冠婚葬祭マナー、子供マナー、男性マナー、暮らしのマナー、国際マナー等、幅広い層を対象にしたマナー指導は、実技と理論が一体となった指導方法として定評がある。テレビ、ラジオの出演、雑誌、新聞などの連載を通じてマナーの普及に努めている。著書・監修書に『よくわかる 女性の品格あるマナー』（PHP研究所）、『女性の美しいマナー』（成美堂出版）、『すぐ役立つ 冠婚葬祭マナー事典』（主婦の友社）などがある。

デザイン
GRiD（釜内由紀江、石川幸彦）

イラスト
角口美絵

編集・執筆協力
酒井かおる

執筆協力
宇田川葉子、漆原泉

DTP
ニシ工芸株式会社

結婚が決まったら親が読む本

2008年9月17日　初版発行
2025年1月 5 日　24版発行
監　修　篠田弥寿子
発行者　鈴木伸也
発行所　株式会社大泉書店
住所　〒105-0001 東京都港区虎ノ門4-1-40
江戸見坂森ビル4F
電話　03-5577-4290（代表）
FAX　03-5577-4296
振替　00140-7-1742
印刷所　半七写真印刷工業株式会社
製本所　株式会社明光社

URL　http://www.oizumishoten.co.jp
ISBN978-4-278-03581-0　C0077